Boris Prem

Reden
11. – 13. Schuljahr

Analyse und Interpretation

MANZ VERLAG

Manz Verlag

Lektorat: Peter Süß, München
Herstellung: Karin Schmid, Baldham
Umschlaggestaltung: Zembsch' Werkstatt, München
Layout: Karin Schmid, Baldham
Satz: Karin Schmid, Baldham
Druck: Druckhaus Beltz, Hemsbach
Printed in Germany

ISBN 3-7863-1083-1

Wie Sie am besten mit diesem Buch arbeiten

Hier lernen Sie anhand von fünf Beispielen, Reden Schritt für Schritt zu analysieren und zu interpretieren. Die ausgewählten Texte stammen überwiegend aus dem 20. Jahrhundert.

Durch Kapitel A erhalten Sie eine klare Vorstellung davon, wie sich die Gattung Rede von anderen Prosatextsorten unterscheidet und in welche Grundtypen sie sich enteilen lässt.

In Kapitel B können Sie einen Redetext exemplarisch und ausführlich mit den Schritten *Einleitung, Inhaltsangabe, Analyse der Redetechnik, Analyse der Sprache* und *Schluss* erarbeiten. Kurze Aufgaben, Aufsatzauszüge zu den einzelnen Punkten sowie ein komplettes Aufsatzbeispiel helfen Ihnen beim Erstellen eines eigenen Lösungsvorschlags.

In Kapitel C liegt der Schwerpunkt auf der Analyse der Redetechnik. Das gilt auch für den Redetext in Kapitel D, hier noch ergänzt um die Sprachanalyse – jeweils mit einem Aufsatzbeispiel.

In Kapitel E können Sie den Text durch detaillierte Fragen erarbeiten, während zum Abschluss Ihres Trainings in Kapitel G noch einmal ein komplettes Aufsatzbeispiel im Mittelpunkt steht.

Ganz nebenbei lernen Sie eine Reihe typischer Überredungstechniken kennen. Unterschiedliche Stilmittel können Sie nach der Arbeit mit diesem Buch nicht nur sicher erkennen, sondern auch nach ihrer Wirkung einteilen.

Im Anhang des Buches finden Sie einen Überblick über typische Argumentations- und Überredungstechniken sowie über sprachliche Mittel mit Beispielen, die in den hier abgedruckten Redetexten vorkommen. Nutzen Sie dieses Verzeichnis so oft wie möglich.

Sie können das Buch während der gesamten Sekundarstufe II verwenden. Stehen Sie kurz vor einer Prüfung (Klausur oder Abitur), so eignet es sich auch zur Wiederholung und Vertiefung Ihrer Kenntnisse.

Wir wünschen Ihnen viel Erfolg!

Inhalt

A Einführung in die Redeanalyse

Sie haben noch keinen Roman geschrieben? Sie haben noch nicht einmal ein Gedicht geschrieben? Aber eine Rede haben Sie bestimmt schon gehalten – vermutlich sogar in der Schule. Ein Anlass wird sich doch gefunden haben.

Stellen Sie sich zum Beispiel vor, eine überreife Banane fliegt durch das Klassenzimmer und landet auf Ihrer Bank. Der Lehrer bemerkt die klebrigen Spuren und stellt Sie buchstäblich „zur Rede".
Und wie reagieren Sie? Genau: Sie halten eine Rede – eine Verteidigungsrede –, ohne sich jemals darauf vorbereitet zu haben. Sie machen dem Lehrer klar, dass die klebrigen Spuren von einer aus weiter Entfernung geworfenen Banane stammen und dass Sie an einer Verschmutzung Ihrer eigenen Bank gar kein Interesse haben können. Sie führen also zunächst vernünftige Gründe an, um Ihre Unschuld zu beweisen. Wenn Sie dann noch hinzufügen, Sie würden sich nie etwas zu Schulden kommen lassen und die Bösen seien immer die anderen, tun Sie es einem professionellen Redner gleich: Sie versuchen auf unsachliche Weise (Übertreibung, Pauschalisierung) die Zustimmung ihres Gegenübers zu gewinnen.

Sobald der Mensch spricht, hält er eine Rede. Sie sind kein geschulter Redner und wollten auch gar keine Rede halten. Aber ein misslicher Umstand brachte Sie in eine Zwangslage und der Lehrer hat Sie in dieser Situation zur Rede gestellt. Er hat ein Gespräch mit Ihnen in Gang gebracht; Ihre Rede war nichts anderes als Ihr erster Gesprächsbeitrag. Ein kontroverses Gespräch (Streitgespräch) ist entbrannt, das Sie dazu zwingt, Ihren Standpunkt gegenüber anderen Meinungen zu verteidigen. Insofern aber, als jeder Mensch von klein auf gezwungen ist, immer wieder seinen Standpunkt darzulegen und sich zu rechtfertigen, kann man mit Recht sagen: Sobald der Mensch spricht, hält er – zumindest im Ansatz – auch Reden.

1 Wozu Reden analysieren?

In diesem Buch lernen Sie jedoch nicht, Reden zu halten. Sie lernen, Reden zu analysieren und zu interpretieren, also zu durchschauen. Und wozu soll das gut sein? Machen Sie sich doch nur einmal klar, wie viel Leid der Menschheit erspart geblieben wäre, wenn mehr Menschen die Reden eines Mussolini oder Hitler durchschaut hätten! Wer aber garantiert, dass nicht auch in Zukunft immer wieder Demagogen auftreten werden, die mit ähnlichen Rattenfängermethoden arbeiten? Sie fragen jetzt vielleicht: Aber die Mehrheit der Redner verdient doch Vertrauen? Warten Sie es ab! Vielleicht werden Sie sich noch wundern, wie selbst die Reden scheinbar vertrauenswürdiger Personen bei genauer Betrachtung oft voll sind von Schlichen und Winkelzügen.

Die Rede hat sich gewissermaßen aus dem Gespräch entwickelt. Sie ist eine Art längerer und vor einem größeren Publikum vorgebrachter Gesprächsbeitrag. Daher haben Rede und Gespräch auch viele Gemeinsamkeiten, wie sich noch zeigen wird. Sie weisen aber auch Unterschiede auf, da der Redner nicht in derselben kommunikativen Situation steht wie der Gespächspartner. Der Redner ist „Solist", er führt nahezu einen Monolog. An die Stelle von echten Gesprächsteilnehmern sind bloße Zuhörer getreten, die mehr oder weniger nur noch als Gruppe – durch Klatschen oder Buhrufe – auf den Redebeitrag reagieren können.

Diesen eingeschränkten Kommunikationsmöglichkeiten auf Seiten der Zuhörer muss der Redner Rechnung tragen. Wenn es ihm gelingen soll, die Aufmerksamkeit der Zuhörer über längere Zeit wach zu halten, muss er gewisse Eigenschaften besitzen, die bei einem wirklich guten Gesprächspartner sogar als störend empfunden werden können.

1 Ein guter Gesprächspartner ist nicht immer zugleich auch ein erfolgreicher Redner. Welche Eigenschaften charakterisieren wohl eher den erfolgreichen Redner, welche den guten Gesprächspartner – und welche beide? Schreiben Sie die Wörter *Redner* und *Gesprächspartner* entsprechend auf die Zeilen.

Charisma ______________________________

diplomatisches Geschick ______________________________

Ehrlichkeit ______________________________

Einfühlungsvermögen ______________________________

Geradlinigkeit ______________________________

echtes Interesse am Gegenüber ______________________________

Offenherzigkeit ______________________________

2 Redetext contra Prosatext

Eine vollständige Redeanalyse umfasst im Grunde mehr als nur die Untersuchung des gedruckten Textes, auch wenn wir uns in diesem Buch darauf beschränken müssen. Die Vortragsweise (Stimme, Mimik, Gestik) ist für die Wirkung einer Rede oft sogar entscheidender als ihr eigentlicher Inhalt. Beschränkt man sich auf den gedruckten Redetext – wie es in Ihrem Unterricht zumeist geschieht –, so lässt sich die Rede mit anderen Prosatexten kontrastieren.

2 Vergleichen Sie Gespräch und Rede, die vor allem als gesprochene Formen menschlicher Kommunikation eng miteinander verwandt sind, mit dem Prosatext, wie er in literarischen Gattungen (z. B. Kurzgeschichte, Erzählung oder Roman) zum Ausdruck kommt. Kreuzen Sie die zutreffenden Aussagen an.

In Gespräch und Rede sind – verglichen mit anderen Prosatexten – …

a) … direkte Anreden häufiger. ❑

b) … indirekte Rede häufiger. ❑

c) … rhetorische Fragen häufiger. ❑

d) … Interjektionen häufiger. ❑

e) … Aufforderungssätze häufiger. ❑

f) … Ausrufesätze häufiger. ❑

g) … die Sätze kürzer. ❑

h) … parataktischer Satzbau häufiger. ❑

i) … Fremdwörter häufiger. ❑

j) … Aussagen häufiger, die man nur aus der konkreten Situation heraus versteht. ❑

k) … Zeigewörter (= Wörter wie *ich, jetzt, heute, hier, Sie*, mit denen der Redner auf Gegenwärtiges verweist) häufiger. ❑

3 Rede – Vortrag – Ansprache

Sie wissen inzwischen, dass die Rede eine Art längerer Gesprächsbeitrag ist, der den kommunikativen Rahmen des reinen Gesprächs sprengt. Hält damit aber schon jeder eine Rede, der vor einer Gruppe längere Zeit spricht?

Es erscheint sinnvoll, nur denjenigen einen Redner zu nennen, der das Ziel verfolgt, den eigenen Standpunkt gegen konträre Meinungen durchzusetzen. Der echte Redner agitiert, das heißt, er setzt alle ihm zur Verfügung stehenden Mittel ein, um seine eigenen Ziele bzw. die Ziele der Gruppierung, zu der er gehört, durchzusetzen. Die Rede in diesem Sinne ist also agitativ.

Gibt es denn auch andere Reden? Reden, die nicht agitativ sind? Ja, natürlich! Eine Rede zu einem feierlichen Anlass (z. B. bei einem Jubiläum) ist nicht agitativ. Aber eine solche Rede wollen wir, um sie von der Rede im engeren Sinne – also der agitativen Rede – zu unterscheiden, besser Ansprache (Gelegenheitsrede, Festrede) nennen.
Anders als der Redner im engeren Sinn hat der Festredner nicht die Absicht, seinen eigenen Standpunkt gegen konträre Meinungen durchzusetzen. Wir können sogar noch weiter gehen: Es ist nicht mehr der Redner, der etwas von den Zuhörern will, sondern die Zuhörer wollen etwas vom Redner. Die Aufgabe des Redners beschränkt sich nämlich weitgehend darauf, die von den Zuhörern erwarteten und dem feierlichen Anlass angemessenen Worte in gültiger Weise zu formulieren.

Wieder anders verhält es sich mit dem Vortrag (wissenschaftlicher Vortrag, Referat, informative Rede). Hier geht es dem Redner ebenfalls nicht darum, einen Standpunkt durchzusetzen. Er wird auch nicht vom Zuhörer als Sprachrohr missbraucht. Referent und Zuhörer sind gleichermaßen dazu bereit, sich objektiven Fakten zu beugen. Die Sache selbst soll „sprechen“.

Ein konkretes Beispiel:

- Wenn Sie Ihr Biologielehrer über den Aufbau der Chromosomen und die Anordnung der Gene unterrichtet, dann informiert er: Er hält einen Vortrag.

- Warnt er aber vor den Folgen des Verzehrs genmanipulierter Bananen, dann agitiert er: Er hält eine (agitative) Rede. Er appelliert an Sie, sich gegen Genmanipulation zur Wehr zu setzen.

- Wenn Ihr Biologielehrer anlässlich der 50-Jahr-Feier eines Genforschungsinstituts als Festredner auftritt, um die Verdienste der Einrichtung zu würdigen, dann hält er eine Ansprache.

Es kommt immer darauf an, was im Zentrum steht:

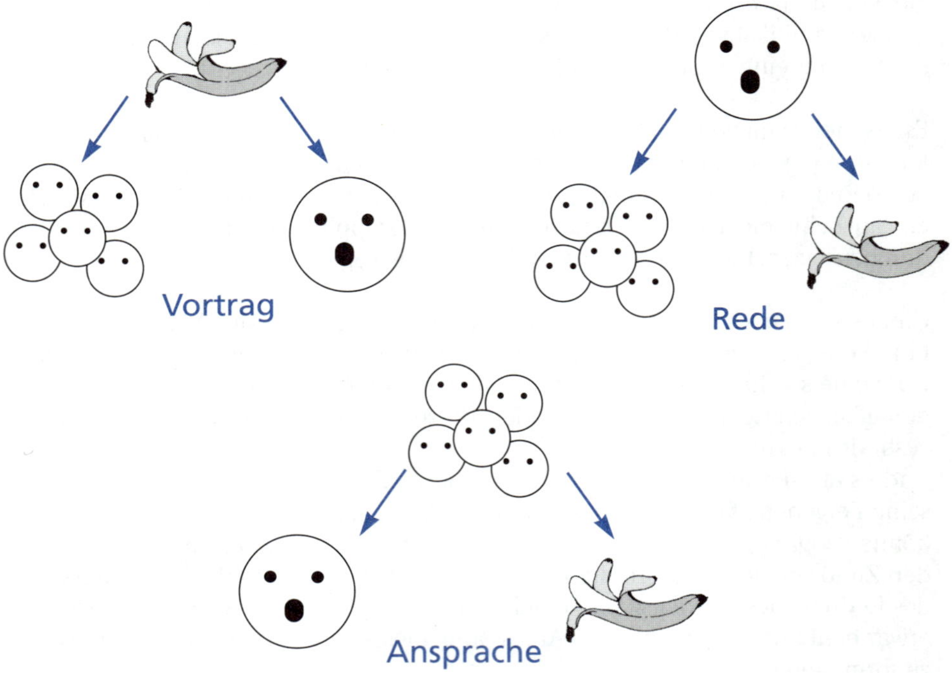

3 Eine Person spricht. Entscheiden Sie, ob sie eine Rede, eine Ansprache oder einen Vortrag hält. Schreiben Sie die entsprechende Lösung auf die Zeilen.

a) Der Gewerkschaftsvorsitzende ruft zum Streik auf.

= ____

b) Der Vorsitzende eines Hundezüchtervereins begrüßt die anwesenden Ehrengäste und stellt sie kurz vor.

= ____

c) Die Leiterin des archäologischen Instituts erläutert einem wissenschaftlich interessierten Publikum die jüngsten Ergebnisse der Troja-Forschung.

= ____

d) Der Sprecher einer nationalen Minderheit ruft zum Wahlboykott auf.

= ______________________________

e) Der Betriebsratsvorsitzende erinnert am Grab eines verstorbenen Arbeitskollegen an dessen Verdienste.

= ______________________________

f) Ein Sektenführer ruft dazu auf, für das Seelenheil alles Geld seiner Organisation zu spenden.

= ______________________________

g) Die Großmutter spricht anlässlich der Hochzeit ihres Enkels.

= ______________________________

h) Das millionste Auto ist vom Band gegangen. Der Vorstandsvorsitzende des Konzerns spricht auf einem Festakt.

= ______________________________

i) Der Anwalt verteidigt seinen Mandanten.

= ______________________________

j) Eine Schülerin hält im Geschichtsunterricht ein Kurzreferat über Che Guevara.

= ______________________________

In diesem Buch werden wir vor allem Reden analysieren, die agitativen Charakter haben, also echte Reden sind. Sie bedeuten für uns eine besondere Herausforderung. Nur der agitierende Redner wendet ja die verschiedensten Tricks an, um uns als Zuhörer für seine Sache zu gewinnen. Wir müssen uns für oder gegen die Sache entscheiden und wissen, ob sie gut oder schlecht ist. Darum ist es wichtig, dass wir die Tricks des Redners durchschauen.

Zum Einstieg wollen wir uns mit einer Rede aus der Antike beschäftigen. Darin sind die gattungstypischen Merkmale besonders klar erkennbar. Sie werden eine Fülle rhetorischer Kniffe entdecken, deren Kenntnis Ihnen bei der Untersuchung moderner Reden von großem Nutzen sein wird.

4 Lösungen zu den Aufgaben

1 Der erfolgreiche Redner hat vor allem Charisma und diplomatisches Geschick nötig. Bei zu großer Ehrlichkeit, Geradlinigkeit und Offenherzigkeit – Eigenschaften, die man vom guten Gesprächspartner zu Recht erwartet – würde er auch Dinge sagen, die nicht mehr allen gefallen. Auch Einfühlungsvermögen und echtes Interesse am Gegenüber, die man vom guten Gesprächspartner verlangt, muss der erfolgreiche Redner nicht wirklich besitzen. Es ist aber wichtig, dass er vorgibt sie zu besitzen.

2 Sie sollten a, c, d, e, f, j und k angekreuzt haben. Beachten Sie, dass sich natürlich nicht alle Reden über einen Kamm scheren lassen; man kann nur eine Tendenz aufzeigen.

3 Reden sind a, d, f und i; Ansprachen sind b, e, g, und h; Vorträge sind c und j.

B Lysias: *Rede eines invaliden Sozialhilfeempfängers*

1 Beinahe fühle ich mich meinem Ankläger zu Dank verpflichtet, Hoher Rat, weil er mir diesen Prozess beschert hat. **2** Früher hatte ich ja keine Veranlassung, über mein Leben Rechenschaft abzulegen; jetzt habe ich sie mit Hilfe dieses Mannes.

3 Und ich werde in meiner Rede versuchen darzulegen, dass dieser ein Lügner ist, ich aber bis zum heutigen Tag einen eher des Lobes als des Neides würdigen Lebenswandel geführt habe. **4** Denn aus keinem anderen Grund scheint dieser mir den Prozess beschert zu haben als aus Neid. **5** Freilich, wer diejenigen beneidet, die von anderen bedauert werden: **6** Vor welcher Gemeinheit, glaubt Ihr, schreckt ein solcher Mensch zurück? **7** Denn falls er mich anzeigt, um mir Geld abzuknöpfen … (Gelächter bei den Ratsherren) (…) **8** So beneidet er mich also offensichtlich, Hoher Rat, weil ich, obgleich von einer solchen Behinderung geschlagen, ein besserer Bürger bin als er. **9** Denn ich bin der Meinung, Hoher Rat, man muss die Gebrechen des Körpers mit Hilfe von Verdiensten der Seele ausgleichen. **10** Denn wenn ich eine meiner körperlichen Verfassung entsprechende innere Einstellung hätte und ein dem entsprechendes Leben führte, worin unterschiede ich mich dann von diesem Mann? **11** Darüber sei also so viel gesagt.

12 Jetzt will ich mich so kurz wie möglich dazu äußern, worüber ich eigentlich sprechen muss. **13** Der Ankläger also behauptet, ich bezöge zu Unrecht die staatliche Unterstützung, denn ich sei körperlich valid und gehörte nicht zu den Invaliden. **14** Und zweitens: Ich betriebe ein solches Gewerbe, dass ich auch ohne die geleistete Zuwendung leben könne. **15** Als Beweis für meine körperliche Stärke führt er an, dass ich Pferde besteige. **16** Und als Beweis dafür, dass ich von meinem Gewerbe gut lebe, gilt ihm, dass ich fähig bin, mit zu Geldverschwendung fähigen Menschen zusammen zu sein.

17 Nun, ich glaube, dass Ihr alle über den Wohlstand, den mir mein Gewerbe bringt, Bescheid wisst und auch darüber, wie es mit meinem sonstigen Lebensunterhalt bestellt ist. **18** Dennoch will auch ich mich dazu kurz äußern.

19 Mein Vater hinterließ mir nichts, meine Mutter, die inzwischen gestorben ist, habe ich bis vor zwei Jahren mitversorgt. **20** Kinder aber, die mich pflegen könnten, habe ich durchaus nicht. **21** Ich betreibe ein Gewerbe, das nur wenig Gewinn abzuwerfen vermag und mich inzwischen nahezu überfordert. **22** Und doch kann ich durchaus niemand finden, der meinen Betrieb übernehmen würde. **23** Darüber hinaus habe ich keine Einkünfte. **24** Wenn Ihr sie mir wegnehmt, dann laufe ich wohl Gefahr, einem schrecklichen Schicksal entgegenzugehen.

25 Da es also möglich ist, Hoher Rat, mich im Einklang mit dem Recht am Leben zu erhalten, richtet mich nicht unter Missachtung des Rechts zu Grunde! **26** Und nehmt mir nicht jetzt, nachdem ich älter und schwächer geworden bin, was Ihr mir, als ich noch jünger und kräftiger war, gegeben habt! **27** Ihr standet doch bis jetzt in dem Ruf, sogar denen gegenüber voller Mitleid zu sein, die keineswegs in einer schlimmen Lage sind; so nehmt doch nicht jetzt, von diesem Mann hier veranlasst, diejenigen ungnädig auf, die selbst von ihren Feinden bemitleidet werden! **28** Und macht nicht andere, die sich in vergleichbarer Lage befinden, mutlos, indem Ihr Euch dazu hergebt, mir Unrecht zu tun! **29** Und das wäre doch auch wirklich merkwürdig, Hoher Rat, würde das Geld, das ich damals, als ich nur meine Behinderung hatte, für alle sichtbar empfing, mir heute, da Alter, Krankheiten und ihre Begleiterscheinungen mir zusetzen, wieder genommen werden! (...)

30 Was aber meine Reitkunst betrifft, die dieser vor euch zu erwähnen wagte – ohne Scham und ohne die Furcht, ein gleiches Schicksal wie mich könnte

auch ihn selbst ereilen, da gibt es nicht viel zu sagen. **31** Denn ich glaube, Hoher Rat, dass alle Menschen, die irgendein Gebrechen haben, darüber nachdenken und philosophieren, wie sie Schmerzen vermeiden und sich so gut wie möglich mit dem Unglück, das ihnen widerfahren ist, arrangieren können.
32 Zu diesen Leuten gehöre auch ich, und da bei mir eine entsprechende Behinderung vorliegt, fand ich bei notwendigen längeren Wegen im Gebrauch von Pferden für mich eine Erleichterung.
33 Folgendes aber, Hoher Rat, ist der größte Beweis dafür, dass ich wegen meiner Behinderung und nicht, wie dieser behauptet, aus Übermut Pferde besteige: **34** Wenn ich nämlich ein Vermögen besäße, würde ich auf einem gesattelten Maultier reiten und nicht die Pferde anderer Leute besteigen.
35 Da ich mir aber derzeit ein solches nicht leisten kann, bin ich oftmals gezwungen, die Pferde anderer Leute zu benutzen. **36** Und es ist doch merkwürdig, Hoher Rat, dass dieser Mann (…) nicht auch den Umstand, dass ich zwei Stöcke benutze, während andere Behinderte nur einen benutzen, als Beweis dafür vorbringt, dass ich zu den Gesunden gehöre! **37** Wenn ich aber die Pferde besteige, dann dient ihm das als Beweis vor euch, dass ich zu den Gesunden gehöre. **38** Pferde statt Maulesel und zwei Stöcke statt einem benutze ich aber aus demselben Grund, nämlich weil ich stärker als andere behindert bin. (…)

39 Mein Ankläger behauptet, ich sei übermütig, gewalttätig und maßlos unbeherrscht, als ob er die Wahrheit sagen würde, wenn er dick aufträgt und nicht vielmehr dann, wenn er gelassen bleibt und nicht lügt. **40** Ich glaube, Hoher Rat, Ihr müsst klar unterscheiden zwischen den Leuten, denen es möglich ist, übermütig zu sein, und denen, die diese Möglichkeit nicht haben. **41** Denn es ist nicht wahrscheinlich, dass sich arme und allzu mittellose Menschen übermütig benehmen, sondern solche, die weit mehr als das Notwendige besitzen.
42 Und es ist nicht wahrscheinlich bei Invaliden, sondern bei jenen, die ganz auf ihre Körperkräfte vertrauen können. **43** Und es ist nicht wahrscheinlich,

dass sich bereits im Alter fortgeschrittene Menschen übermütig benehmen, sondern junge Leute mit noch jugendlicher Gesinnung.

44 Denn die Reichen kaufen sich mit Geld von den Gefahren los, die Armen aber zwingt ihre Mittellosigkeit zu vernünftigem Handeln. **45** Und die jungen Leute werden von den Älteren gewöhnlich mit Nachsicht behandelt, wenn sich aber die Älteren etwas zu Schulden kommen lassen, dann werden sie von Jung und Alt gleichermaßen getadelt. **46** Und schließlich: Die Kräftigen können jeden Beliebigen straflos ihren Übermut spüren lassen, die Schwachen aber können sich nicht wehren; wenn jedoch umgekehrt die Schwachen ihren Übermut jemand spüren lassen wollen, dann unterliegen sie ihrem Opfer.
47 Daher scheint es mir, dass mein Ankläger über meinen angeblichen Übermut nicht im Ernst spricht, sondern im Scherz. **48** Und er will Euch nicht davon überzeugen, dass ich tatsächlich ein solch übermütiger Mensch bin, sondern nur seinen Spott mit mir treiben – als ob das einem Behinderten gegenüber eine Heldentat wäre!

49 Er behauptet außerdem, dass sich bei mir viele üble Leute versammeln, die ihr eigenes Geld verschwenden und es nun auf diejenigen abgesehen hätten, die das ihre behalten wollen. **50** Ihr müsst aber alle bedenken, dass er mir mit diesen Worten nur denselben Vorwurf macht wie den übrigen Inhabern von Gewerbebetrieben, und auch meinen Kunden nur denselben wie den Kunden anderer Gewerbetreibender. **51** Denn jeder von Euch sucht doch immer mal wieder den Salbenverkäufer auf oder den Friseur oder den Schuster oder sonst jemanden. **52** Dabei suchen die meisten Leute diejenigen auf, die ihren Stand ganz in der Nähe des Marktplatzes haben, nur wenige aber jene, die weit vom Marktplatz entfernt sind. **53** Wenn daher einer von Euch meinen Kunden üble Absichten vorwirft, so muss er diese doch offenbar auch allen anderen Kunden vorwerfen. **54** Und wenn auch allen anderen Kunden, schließlich auch allen

Athenern. **55** Denn Ihr alle müsst doch Eure Besorgungen machen und dann haltet Ihr Euch immer wieder bei irgendeinem Stand auf. **56** Aber ich weiß eigentlich nicht, wozu ich mich so ausführlich gegen jeden einzelnen seiner Vorwürfe verteidigen sollte, nur um Euch die Zeit zu stehlen. **57** Denn wenn ich über das Wichtigste gesprochen habe, was ist es dann noch notwendig, in gleicher Weise wie dieser über Kleinigkeiten sich zu ereifern.

58 Ich bitte Euch aber alle, Hoher Rat, mir gegenüber dieselbe Einstellung zu haben wie früher. **59** Und beraubt mich nicht, von diesem Mann hier verleitet, derjenigen Einnahmequelle, an der mir das Schicksal einen Anteil gab. **60** Ich erhalte von der Stadt ja sonst keine Zuwendung. **61** Es soll Euch jetzt nicht dieser einzelne Mann davon überzeugen, mir wieder zu nehmen, was Ihr mir seit langem aus der Staatskasse gegeben habt. **62** Denn, Hoher Rat, nachdem Götterwille uns der wichtigsten Dinge beraubt hatte, genehmigte die Stadt uns dieses Geld in dem Glauben, dass Unglücksfälle wie Glücksfälle allen Menschen gemeinsam seien. (…) **63** Weil einer irgendwann durch mich in einen Prozess geraten ist und sein Vermögen verloren hat? **64** Das könnte kein Einziger nachweisen. **65** Oder weil ich unternehmungslustig, zudringlich und streitsüchtig bin? **66** Aber für derartiges bietet mir mein Lebensunterhalt nicht die Mittel. **67** Oder weil ich allzu übermütig und gewalttätig bin? **68** Das könnte nicht einmal der Ankläger selbst behaupten, wollte er nicht auch dies zu seinen übrigen Lügen hinzufügen. **69** Oder weil ich (…) viele Bürger schlecht behandelte? (…) **70** Da ich mir, Hoher Rat, also nichts habe zu Schulden kommen lassen, möchte ich von Euch nicht in gleicher Weise behandelt werden wie diejenigen, die viel Unrecht getan haben. **71** Stimmt vielmehr so über mich ab, wie es auch der Rat früherer Jahre getan hat, und denkt daran, dass es mir nur um einen einzigen Obolus geht! **72** So werdet Ihr alle im Einklang mit dem Recht entscheiden. **73** Ich aber werde Euch danken, sobald mir durch Euch Recht geschehen ist.

Anders als heute musste, wer im antiken Athen Sozialhilfe beziehen wollte, nicht Kontoauszüge und dergleichen beim Sozialamt einreichen. Stattdessen hielt er einmal im Jahr vor dem Rat eine Rede, in der er von seiner Hilfsbedürftigkeit überzeugen und sich gegen etwaige Denunzianten zur Wehr setzen musste. Es war sogar erlaubt, diese Rede von einem professionellen Redenschreiber verfassen zu lassen. So stammt die hier leicht gekürzt wiedergegebene Rede, die um 400 v. Chr. vor dem Rat in Athen gehalten wurde, wahrscheinlich von dem berühmten Rhetoriklehrer und Redenschreiber Lysias.

1 Vorüberlegungen zur Analyse

Sofern Ihr Lehrer / Ihre Lehrerin keine besondere Aufgabenstellung vorgibt, sollte die Redeanalyse immer folgende Teile umfassen:

- Einleitung
- Inhaltsangabe
- Analyse der Redetechnik (Argumentationsstruktur)
- Analyse der Sprache
- Schluss

In einer möglicherweise verlangten Gliederung sind dies dann auch die fünf Hauptpunkte.

2 Einleitung

Die Einleitung Ihrer Analyse soll den Leser über die wichtigsten Hintergründe der Rede informieren. Die Hintergrundinformationen entnehmen Sie drei Quellen:

- dem Titel der Rede sowie den Zusatzinfos auf dem Aufgabenblatt;
- Ihrem eigenen Wissen, das Sie sich erworben haben;
- dem Redetext.

Da die Rede selbst als Quelle dient, empfiehlt es sich, die Einleitung erst zu schreiben, nachdem Sie sich schon ein Stück weit in die Rede eingearbeitet haben, also etwa nach Niederschrift der Inhaltsangabe.

Zur Ermittlung der Hintergründe ist es generell sehr hilfreich, sich an die W-Fragen zu halten:

- ✗ Wer hält die Rede? – Zum Beispiel: Beruf, Funktion, soziale Stellung, ideologischer Hintergrund des Redners
- ✗ Von wem stammt die Rede? Wer ist der Verfasser der Rede? – Falls Verfasser und Redner nicht identisch sind.
- ✗ Wem gilt die Rede, wer sind die Zuhörer? – Zum Beispiel: Bürger, Richter, Mitglieder einer bestimmten Partei, Anhänger einer bestimmten Weltanschauung
- ✗ Welche Art von Rede liegt vor? – Zum Beispiel: politische Rede, Preisrede, Gerichtsrede, Verteidigungsrede
- ✗ Wie lautet der Titel der Rede?
- ✗ Wann und wo wurde die Rede gehalten? Hier können auch historisch-gesellschaftliche Hintergrundinformationen einfließen. – Zum Beispiel: in einer Demokratie, zur Zeit der Diktatur
- ✗ Was sind Redeanlass und Thema der Rede? – Nur kurz antippen, um nichts vom Hauptteil vorwegzunehmen.
- ✗ Was ist das Redeziel? – Was will der Redner mit seiner Rede bei den Zuhörern erreichen?

Bevor Sie die Einleitung schreiben, denken Sie bitte noch an Folgendes: Es ist für den Leser sehr ermüdend, wenn Sie alle W-Fragen mit größtmöglicher Vollständigkeit und explizit beantworten. Schreiben Sie also nicht:

> Die Rede trägt den Titel „Rede eines invaliden Sozialhilfeempfängers". Es handelt sich um eine Verteidigungsrede. Der Redner ist ein älterer, körperbehinderter und trotzdem ein Gewerbe treibender Athener Bürger.

Beginnen Sie vielmehr so:

> In der „Rede eines invaliden Sozialhilfeempfängers" verteidigt sich ein älterer, körperbehinderter Athener Bürger …

Allein durch die Angabe „verteidigt sich" machen Sie deutlich, dass der Redner eine Verteidigungsrede hält – das Wort „Verteidigungsrede" muss also überhaupt nicht vorkommen.

Bedenken Sie auch, dass Sie den Leser überfordern, wenn Sie gleich in der Einleitung Ihr ganzes Wissen zur Person des Redners mitteilen. Hier gilt: Weniger ist mehr. Darauf etwa, dass der Redner einem Gewerbe nachgeht, werden Sie im weiteren Verlauf ihrer Analyse ohnehin noch zu sprechen kommen.

Welche Informationen aus Ihrem Wissensschatz könnten in die Einleitung einfließen? Nun, vielleicht wissen Sie aus dem Geschichtsunterricht, dass Athen demokratisch regiert wurde. Oder Sie wissen, dass der Hohe Rat eine Art attisches Parlament war. Oder Sie wissen, dass nur Bürger sozialhilfeberechtigt waren. Oder … oder …
Alle Unklarheiten beseitigt? Dann dürfen Sie sich jetzt an die Abfassung der Einleitung machen! Schauen Sie sich erst danach das folgende Beispiel an.

Ihre Einleitung könnte etwa so aussehen:

In der „Rede eines invaliden Sozialhilfeempfängers" verteidigt sich ein älterer, körperbehinderter Athener Bürger anlässlich der alljährlichen Überprüfung seiner Hilfsbedürftigkeit gegen die Anschuldigungen eines Denunzianten, der ihm die Sozialhilfe streitig machen will.
Gehalten wurde die Rede um 400 v. Chr. vor dem Hohen Rat in Athen – einer Art attischem Parlament, das auch über die Gewährung von Sozialhilfe entschied. Verfasser der Rede ist wahrscheinlich der berühmte griechische Redenschreiber Lysias.

3 Inhaltsangabe

Die Inhaltsangabe soll dem Leser einen Überblick über die Rede verschaffen. Wenn Ihnen das gelingen soll, müssen Sie sich selbst darüber im Klaren sein, in welche Teile die Rede zerfällt und welche Funktion diese haben.

Aber aus welchen Teilen besteht eine Rede? Die klassische – also antike – Gerichtsrede umfasst vier Teile:

- exordium = Einleitung
- narratio = Erzählung; Darlegung des Hergangs bzw. der Sachlage
- argumentatio = Beweisführung
- peroratio = Schluss

Heißt das nun, dass Sie erst einmal diese vier Redeteile zeilengenau fixieren müssen? Nein! Selbst bei antiken Gerichtsreden fällt es nicht immer leicht festzustellen, was nun exakt zum zweiten Teil (narratio) und was zum dritten Teil (argumentatio) gehört – das gilt übrigens auch für die vorliegende Lysias-Rede. Aus diesem Grund wollen wir uns auf die Feststellung von Einleitung und Schluss beschränken. Allein diese beiden Teile lassen sich auch in modernen Reden meist eindeutig bestimmen. Alles, was zwischen Einleitung und Schluss liegt, wollen wir als Hauptteil bezeichnen. Alle drei Teile werden – sofern sie mehr als eine Funktion haben – nach ihren Funktionen weiter unterteilt. Vor allem der Hauptteil zerfällt in mehrere Abschnitte.

Zurück zur Lysias-Rede: Bis zu welchem Satz würden Sie die Einleitung gehen lassen? – Ich schlage vor, wir setzen sie bis einschließlich Satz 11 an.
Hat der Abschnitt von Satz 1 bis 11 eine oder mehrere Funktionen? – Wenn Sie den Inhalt der Einleitung näher betrachten, dann werden Sie feststellen, dass die Einleitung zwei Funktionen hat: Die Sätze 1 und 2 haben die Funktion der Danksagung, die Sätze 3 bis 11 hingegen die der Diffamierung des Gegners.

Beachten Sie bitte auch hier, was schon für die Formulierung der Einleitung galt: Es ist nicht erforderlich, dass Sie die Funktionen aller Redeteile explizit zum Ausdruck bringen. Vermeiden Sie eine Aneinanderreihung von Substantiven. Schreiben Sie also nicht:

> Der Redner nutzt die Einleitung zu einer kurzen Danksagung für die Anklage.

Stilistisch besser ist diese Lösung:

In der Einleitung bedankt sich der Redner für die Anklage.

1 Welche Funktionen haben die drei ersten Abschnitte des Hauptteils? Kreuzen Sie an.

a) Satz 13 – 16:

Information ☐

Bestätigung ☐

Wiederlegung des Gegners ☐

b) Satz 17 – 24:

Erzeugung von Wohlwollen beim Zuhörer ☐

Hervorhebung des eigenen Standpunkts ☐

Information und zugleich Zurückweisung eines Vorwurfs ☐

c) Satz 25 – 29:

Befehl ☐

beschwörende Bitte (commiseratio) ☐

Zusammenfassung ☐

Achten Sie beim Schreiben der Inhaltsangabe ferner auf folgende Punkte:

✘ Einzelne Sätze und kürzere Abschnitte, die für die Rede insgesamt weniger wichtig sind, schlagen Sie einem angrenzenden Abschnitt zu. Es ist beispielsweise nicht sinnvoll, Satz 11, der als Überleitung dient, gesondert zu behandeln. Sie ziehen ihn zu den Sätzen 3 bis 10, wenngleich er deren Funktion – genau genommen – nicht hat.

✘ Greifen Sie der Analyse der Redetechnik nicht vor. In Satz 12 etwa verspricht der Redner sich kurz zu fassen. Dies hat (wie auch in Satz 30 und 56f.) die Funktion, beim Publikum die Bereitschaft zum Zuhören zu vergrößern. Da diese Funktion jedoch zu den Redetechniken gehört, brauchen Sie sie in der Inhaltsangabe noch nicht zu berücksichtigen.

✘ Das Tempus für die Inhaltsangabe ist das Präsens. Direkte Rede kommt nicht vor (Ausnahmen sind Schlüsselstellen); der Stil sollte sehr sachlich-objektiv sein.

Bei der Ermittlung der drei Redeteile (plus der jeweiligen Abschnitte) gehen Sie am besten zunächst von den vorgegebenen Absätzen aus. Zu Inhalt und Funktion der einzelnen Teile machen Sie sich am linken Rand Notizen (den rechten Rand benötigen Sie – wie sich noch zeigen wird – für weitere Bemerkungen). Wörter, die einen Hinweis auf die Funktion eines Abschnitts geben, heben Sie durch eine Markierung besonders hervor.

Das sieht dann zum Beispiel so aus:

Einleitung

Danksagung

1 Beinahe fühle ich mich meinem Ankläger zu Dank verpflichtet, Hoher Rat, weil er mir diesen Prozess beschert hat. **2** Früher hatte ich ja keine Veranlassung, über mein Leben Rechenschaft abzulegen; jetzt habe ich sie mit Hilfe dieses Mannes.

Diffamierung des Gegners

3 Und ich werde in meiner Rede versuchen darzulegen, dass dieser ein Lügner ist, ich aber bis zum heutigen Tag einen eher des Lobes als des Neides würdigen Lebenswandel geführt habe. **4** Denn aus keinem anderen Grund scheint dieser mir den Prozess beschert zu haben als aus Neid. **5** Freilich, wer diejenigen beneidet, die von anderen bedauert werden: **6** Vor welcher Gemeinheit, glaubt Ihr, schreckt ein solcher Mensch zurück? **7** Denn falls er mich anzeigt, um mir Geld abzuknöpfen … (Gelächter bei den Ratsherren) (…) **8** So beneidet er mich also offensichtlich, Hoher Rat, weil ich, obgleich von einer solchen Behinderung geschlagen, ein besserer Bürger bin als er. **9** Denn ich bin der Meinung, Hoher Rat, man muss die Gebrechen des Körpers mit Hilfe von Verdiensten der Seele ausgleichen. **10** Denn wenn ich eine meiner körperlichen Verfassung entsprechende innere Einstellung hätte und ein dem entsprechendes Leben führte, worin unterschiede ich mich dann von diesem Mann? **11** Darüber sei also so viel gesagt.

ab hier: Hauptteil

12 Jetzt will ich mich so kurz wie möglich dazu äußern, worüber ich eigentlich sprechen muss. **13** Der Ankläger also behauptet, ich bezöge zu Unrecht die staatliche Unterstützung, denn ich sei körperlich valid und gehörte nicht zu den Invaliden. **14** Und zweitens: Ich betriebe ein solches Gewerbe, dass ich auch ohne die geleistete Zuwendung leben könne. **15** Als Beweis für meine körperliche Stärke führt er an, dass ich Pferde besteige. **16** Und als Beweis dafür, dass ich von meinem Gewerbe gut lebe, gilt ihm, dass ich fähig bin, mit zu Geldverschwendung fähigen Menschen zusammen zu sein.

zwei Vorwürfe des Anklägers und ihre Beweise

Versuchen Sie jetzt eine komplette Inhaltsangabe zu formulieren. Lesen Sie erst danach den folgenden Lösungsvorschlag zu diesem Aufsatzteil.

Ihre Inhaltsangabe könnte etwa so aussehen:

Inhalt Einleitung

In der Einleitung bedankt sich der Redner einerseits für die Anklage (1f.), andererseits diffamiert er seinen Gegner: Die Anklage sei sachlich unbegründet und ihr Motiv lediglich purer Neid (3 – 11).

Inhalt Hauptteil

Der Hauptteil (12 – 57) lässt sich in sechs Abschnitte untergliedern.
Zunächst informiert der Redner über die beiden gegen ihn erhobenen Hauptanklagepunkte mit ihren Beweisen. Er sei nicht invalide (13), da er in der Lage

sei zu reiten (15). Er könne außerdem vom Gewinn aus seinem Gewerbe auch ohne staatliche Unterstützung leben (14). Das beweise die Tatsache, dass er mit Menschen Umgang habe, die auf großem Fuß leben (16).
Anschließend zeichnet der Redner ein düsteres Bild seiner finanziellen Situation, um auf diese Weise die Behauptung zu widerlegen, er könne auch ohne staatliche Unterstützung leben (17 – 24). Seine Ausführungen unterstreicht er mit einer commiseratio, also einer beschwörenden Bitte (25 – 29).
In Satz 30 bis 38 widerlegt der Angeklagte scheinbar den Beweis für den ersten Vorwurf. Dabei geht er aber auf die Behauptung des Anklägers, die Fähigkeit zu reiten sei ein Beweis für körperliche Tüchtigkeit, nicht wirklich ein. Stattdessen rechtfertigt er sich damit, dass er auf Pferden anderer Menschen reiten müsse und nicht auf einem eigenen Maulesel, welchen er sich nicht leisten könne.
In Satz 39 bis 48 setzt sich der Redner durch den Rückgriff auf allgemeine Überlegungen gegen Verleumdungen zur Wehr, die auf sein unbeherrschtes Wesen und seinen liederlichen Lebenswandel abzielen.
Erst jetzt – in Satz 49 bis 58 – folgt die Widerlegung des Beweises für den zweiten Vorwurf. Der Redner behauptet einfach, die vielen Leute, mit denen er Umgang habe, seien Kunden. Für ihren Reichtum hat er keine Erklärung.

Inhalt Schluss

Der Schluss (58 – 73) hat im Wesentlichen noch einmal die Funktion einer beschwörenden Bitte (commiseratio). Er enthält eine zusammenfassende Aufzählung (enumeratio), in der der Redner vor allem die Verleumdungen noch einmal zurückweist. Am Ende der Rede steht, wie schon zu Beginn, eine Danksagung.

4 Analyse der Redetechnik

Die Analyse der Redetechnik (= Argumentationsstruktur) ist zweifelsohne der wichtigste Teil einer Redeanalyse. Ausgehend davon, dass nicht nur die einzelnen Teile und Abschnitte entscheidend sind, sondern auch die Rede insgesamt eine Funktion hat – ein so genanntes Redeziel –, gehen Sie bei der Analyse der Redetechnik der Frage nach, wie der Redner dieses Redeziel zu erreichen versucht.

Was ist ein Redeziel? – Das, was ein Redner beim Zuhörer erreichen will: Vielleicht ist der Redner Rechtsanwalt und will den Freispruch seines Mandanten erreichen, vielleicht ist er Politiker und will zum Bundeskanzler gewählt werden. Die Redetechnik können Sie erst dann untersuchen, wenn Sie sich zuvor über das Redeziel (das Sie in der Einleitung vielleicht schon skizziert haben) volle Klarheit verschafft haben.

2 Welches Ziel verfolgt der Redner in der Lysias-Rede? Die folgenden Antworten treffen alle nicht den Kern. Was also ist in Wirklichkeit das Redeziel? Schreiben Sie Ihren Vorschlag auf die Zeilen.

a) Der Redner hat das Anliegen, den Sozialabbau, den der Rat von Athen betreibt, zu bremsen. Die Zahl der Erwerbsunfähigen nehme beständig zu – und doch werde der Obolus immer seltener gewährt.

b) Der Redner verfolgt das Ziel, den Ruf des Anklägers zu ruinieren, indem er die tieferen Beweggründe für dessen denunziatorisches Treiben aufdeckt.

c) Der Redner droht zu verhungern, da sein Gewerbe nichts mehr einbringt und er auch keine Angehörigen hat, die ihn finanziell versorgen könnten. Die Rede hat daher das Ziel, den Hungertod abzuwenden.

____

____

____

____

____

____

Grundsätzlich gilt: Der Redner kann sein Ziel nur erreichen, wenn er die drei Parteien, die seine Rede betrifft, berücksichtigt. Das sind

- die eigene Seite bzw. die Seite, die er vertritt,
- die Gegenpartei sowie
- die Zuhörer.

Es geht darum, den eigenen Standpunkt auf- und den Standpunkt der Gegenseite abzuwerten. Dem Redner stehen aber auch zahlreiche Mittel zur Verfügung, sich direkt an die Zuhörer zu wenden, um sie auf diese Weise für die eigene Sache zu gewinnen.

Ferner gilt auch: Nicht jeder Redner versucht sein Ziel auf dieselbe Weise zu erreichen. Nicht jeder Redner stützt sich auf dieselbe Redetechnik. Der eine arbeitet mit begründeten Argumenten, der andere versucht, die Zuhörer durch unfaire Tricks auf seine Seite zu ziehen.

Ein Redner, der begründete Argumente vorbringt, versucht zu überzeugen. Begründete Argumente sind Gesichtspunkte, die sich auf konkrete Belege und Beispiele (z. B. überprüfbares Zahlenmaterial) stützen. Kurz: Wer zu überzeugen sucht, wendet die Argumentationstechnik an, die auch Sie anwenden sollten, wenn Sie eine Erörterung schreiben.
Wer auf begründete Argumente verzichtet, versucht – statt zu überzeugen – zu überreden. Auch dafür gibt es unterschiedliche Techniken. Da ist zum einen die Scheinargumentation, zum anderen der völlige Rückzug aus der sachlichen Argumentation und stattdessen der Appell an die Gefühle der Zuhörer.

Die Grenzen zwischen Überredung und Überzeugung sind nicht immer klar erkennbar. Selbst derjenige, der zu überzeugen versucht, gebraucht nur relativ objektive Argumente. Auch ihm geht es letztlich darum, eine im Kern nur subjektiv richtige Ansicht durchzusetzen. Der Wahrheitsgehalt von Ansichten lässt sich schließlich nicht objektiv messen. Versucht der Redner nun zu überreden oder zu überzeugen – der Zweck seiner Rede lässt sich zusammenfassen mit dem Begriff der Persuasion (Überredung, Überzeugung).

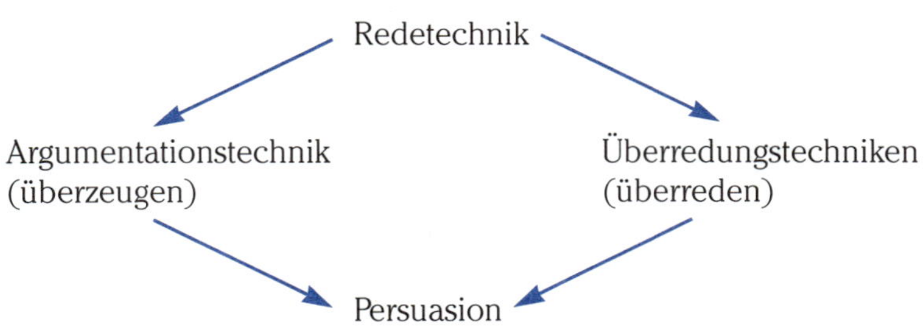

Da in der Lysias-Rede sachliche Argumente praktisch keine Rolle spielen, beschränkt sich die Untersuchung der Redetechnik bei diesem Beispiel auf die Analyse der Überredungstechniken.

3 Sie wissen jetzt: Überredungstechniken nutzt der Redner zum einen, um sich dem Anschein nach mit den gegnerischen Argumenten auseinander zu setzen, zum anderen, um direkt an die Gefühle seiner Zuhörer zu appellieren. Sinnvollerweise beginnen Sie bei der Analyse der Redetechnik mit der Untersuchung der ersten Gruppe von Überredungstechniken. Zu diesem Zweck nehmen Sie die folgenden Passagen des Lysias-Textes unter die Lupe: Satz 17 – 24, 30 – 38, 39 – 48 und 50 – 55.

Wenn Sie die ersten drei der genannten Abschnitte untersuchen, werden Sie feststellen:

a) In Satz 17 bis 24 verschweigt der Redner die Höhe seiner Einkünfte aus selbstständiger Arbeit, obwohl diese Angabe für die Entscheidung der Frage, ob er sozialhilfeberechtigt ist, unerlässlich ist.

b) In Satz 30 bis 38 tut der Redner so, als ob der Ankläger ihm den Vorwurf gemacht hätte, er reite ein Pferd statt eines Maultiers. Dabei hat er ihm doch den Vorwurf gemacht, dass er überhaupt reitet.

c) In Satz 39 – 48 klammert der Redner die eigene Person einfach aus und behauptet, die gegen ihn vorgebrachten Verleumdungen seien bei einem armen, invaliden und alten Mann nicht wahrscheinlich.

4 Die soeben genannten Überredungstechniken lassen sich mit den Begriffen **Verdrehung**, **Wahrscheinlichkeitsbeweis** und **Tabuisierung** umschreiben. Welcher Begriff passt zu a, welcher zu b und welcher zu c? Schreiben Sie Ihre Vorschläge auf die Zeilen.

a) ____________________

b) ____________________

c) ____________________

5 Zur Analyse der Überredungstechniken, die der Redner als direkte Beeinflussung der Gefühle seiner Zuhörer nutzt, schauen Sie sich nun die übrigen Textabschnitte genauer an. Außer Betracht bleiben alle Sätze, die rein sachliche Hinweise enthalten (z. B. Satz 13 bis 16).

6 In der folgenden Kurzrede sind fünf Überredungstechniken enthalten, die der direkten Gefühlsbeeinflussung dienen und auch in der Lysias-Rede eine wichtige Rolle spielen: ad personam (Angreifen der Person, anstatt sich mit der Sache auseinander zu setzen), commiseratio (beschwörende Bitte), Gemeinplätze (Binsenweisheiten), Humor und Pauschalisierung. Ordnen Sie jedem Satz des Textes eine Überredungstechnik zu und schreiben Sie die Begriffe jeweils auf die Zeile.

> **1** Herr Oberhammer, der mich wegen Falschparkens angezeigt hat, ist ein ganz ein hinterhältiger Kerl. **2** Ansonsten stellt er immer sein Auto vor der Feuerwehrausfahrt ab. **3** Aber wer zuerst kommt, der malt zuerst – und das war diesmal eben ich. **4** Übrigens: Solange mein Auto vor der Feuerwehrgarage steht, kann kein Einbrecher das Feuerwehrauto stehlen, denn die Ausfahrt ist blockiert. **5** Ich beschwöre Sie, verehrte Amtsrichter, sprechen Sie mich frei!

Satz 1 ______________________________

Satz 2 ______________________________

Satz 3 ______________________________

Satz 4 ______________________________

Satz 5 ______________________________

Ein Tipp zum Schluss: Wie später der sprachlichen Analyse, so kommt es auch der Analyse der Redetechnik zugute, wenn Sie die wichtigsten Ergebnisse kurz zusammenfassen.

Zu Inhalt und Funktion der einzelnen Redeteile haben Sie sich am linken Textrand Notizen gemacht. Am rechten Rand können Sie nun alle Überredungstechniken notieren, die Ihnen auffallen – egal, ob sie so wichtig sind, dass Sie sie in Ihre Analyse aufnehmen werden oder nicht. Dazu wird es nötig sein, die Rede erneut aufmerksam durchzulesen, da Sie sich bislang nur auf den Inhalt konzentrieren konnten. Wichtige Wörter heben Sie wieder durch eine besondere Markierung hervor.

Für den Beginn des Textes sieht das zum Beispiel so aus:

1 Beinahe fühle ich mich meinem Ankläger zu Dank verpflichtet, Hoher Rat, weil er mir diesen Prozess beschert hat. **2** Früher hatte ich ja keine Veranlassung, über mein Leben Rechenschaft abzulegen; jetzt habe ich sie mit Hilfe dieses Mannes. *Vortäuschen von Selbstsicherheit*

3 Und ich werde in meiner Rede versuchen darzulegen, dass dieser ein Lügner ist, *ad personam* ich aber bis zum heutigen Tag einen eher des Lobes als des Neides *Humor* würdigen Lebenswandel geführt habe. **4** Denn aus keinem anderen Grund scheint dieser mir den Prozess beschert zu haben als aus Neid. *Pauschalisierung*

5 Freilich, wer diejenigen beneidet, die von anderen bedauert werden: **6** Vor welcher Gemeinheit, glaubt Ihr, schreckt ein solcher Mensch zurück? **7** Denn falls er mich anzeigt, um mir Geld abzuknöpfen … (Gelächter bei den Ratsherren) (…) **8** So beneidet er mich also offensichtlich, Hoher Rat, weil ich, obgleich von einer solchen Behinderung geschlagen, ein besserer Bürger bin als er. **9** Denn ich bin der Meinung, Hoher Rat, man muss die Gebrechen des Körpers mit Hilfe von Verdiensten der Seele ausgleichen. *Gemeinplatz* **10** Denn wenn ich eine meiner körperlichen Verfassung entsprechende innere Einstellung hätte und ein dem entsprechendes Leben führte, worin unterschiede ich mich dann von diesem Mann? **11** Darüber sei also so viel gesagt. *Humor*

12 Jetzt will ich mich so kurz wie möglich dazu äußern, worüber ich eigentlich sprechen muss. **13** Der Ankläger also behauptet, ich bezöge zu Unrecht die staatliche Unterstützung, denn ich sei körperlich valid und gehörte nicht zu den Invaliden. **14** Und zweitens: Ich betriebe ein solches Gewerbe, dass ich auch ohne die geleistete Zuwendung leben könne. **15** Als Beweis für meine körperliche Stärke führt er an, dass ich Pferde besteige. **16** Und als Beweis dafür, dass ich von meinem Gewerbe gut lebe, gilt ihm, dass ich fähig bin, mit zu Geldverschwendung fähigen Menschen zusammen zu sein.

Versprechen, sich kurz zu fassen

Versuchen Sie jetzt eine komplette Analyse der Redetechnik zu formulieren. Lesen Sie erst danach den folgenden Lösungsvorschlag zu diesem Aufsatzteil.

Ihre Analyse der Redetechnik könnte etwa so aussehen:

Redeziel
Der Angeklagte verfolgt mit seiner Rede das Ziel, trotz der gegen ihn erhobenen Vorwürfe die bislang gewährte staatliche Unterstützung auch weiterhin zu erhalten.

Argumentation
Dabei verwendet er kaum sachliche Argumente. Er geht vielmehr auf die Anschuldigungen nicht wirklich ein und versucht die Ratsherren stattdessen vor allem durch Gefühlsappelle für sich zu gewinnen. Der Redner überzeugt nicht, sondern versucht zu überreden.

Überleitung
Zunächst soll aufgezeigt werden, wie sich der Redner mit den Anschuldigungen auseinander setzt. Danach geht es um die wichtigsten Überredungstechniken, die der Redner verwendet.

Verdrehungen

Die Art, wie der Redner mit dem Beweis für den ersten Vorwurf umgeht, ist ein gutes Beispiel für Verdrehung. Indem er behauptet, seine finanzielle Situation erlaube es ihm nicht, sich ein Maultier zuzulegen (34f.), verdreht er den Vorwurf des Anklägers. Dieser hatte ja nicht den Vorwurf erhoben, der Redner reite statt auf Maultieren auf Pferden; er hatte ihm grundsätzlich das Reiten vorgeworfen – was offensichtlich trotz der körperlichen Behinderung möglich ist (vgl. 15).

Wenngleich der Redner diesen grundsätzlichen Vorwurf berücksichtigt, bringt er doch die Behinderung in eine ganz einseitige Beziehung zum Reiten. Er will Maultier und Pferd nur als Hilfsmittel bei der Fortbewegung gelten lassen (32). Die Intention der Klage – dass das Reiten Körpergeschick voraussetzt – übersieht er geflissentlich. So verdreht er den Vorwurf noch ein zweites Mal.

Indem der Angeklagte schließlich die These aufstellt, wer zum Gehen *einen* Stock braucht, dem sei mit einem Maultier gedient, wer aber so schwer behindert ist, dass er *zwei* Stöcke braucht, der habe Anspruch auf ein Pferd, gelangt er zu einer weiteren Scheinrechtfertigung für seine Nutzung von Pferden (vgl. 36 – 38).

Absicht

Was sich der Angeklagte von einer Argumentation dieser Art erhofft, ist klar: mitleidiges Gelächter bei den Ratsherren.

Auf den zweiten Vorwurf näher einzugehen lehnt der Redner mit dem Vorwand ab, die Ratsherren wüssten über seine finanziellen Verhältnisse bereits Bescheid (17). Wir erfahren nur, dass sein Gewerbe „wenig Gewinn“ (21) abwirft.

Tabuisierung

Das ist ein Beispiel für Tabuisierung. Die wichtigste Größe (exakte Höhe des Gewinns) für die Feststellung, ob der Redner sozialhilfeberechtigt ist oder nicht, fällt einfach unter den Tisch.

Ablenkungsmanöver

Gleichzeitig startet der Redner ein Ablenkungsmanöver, indem er – statt zu seinen eigenen Einnahmen präzise Angaben zu machen – die Mittellosigkeit seiner verstorbenen Eltern thematisiert (19).

Verschleierung

Um von der Frage nach dem Gewinn aus seinem Gewerbe abzulenken, macht der Redner außerdem vom Mittel der Verschleierung Gebrauch. Der Ausdruck „Darüber hinaus" zu Beginn von Satz 23 ist bewusst so gewählt, dass der Bezug unklar bleibt: Bezieht er sich auf den staatlichen Obolus und den Gewinn aus dem Gewerbe – oder nur auf den Obolus, wie es der Folgesatz (vgl. 24) nahe legt?

Die Entgegnung auf den Beweis für den zweiten Vorwurf, der Angeklagte habe Umgang mit reichen Leuten (vgl. 16), folgt erst in Satz 50 bis 55. Der Trick, den der Redner diesmal anwendet, besteht darin, dass er nur auf einen Teil des Beweises eingeht, und zwar auf den unwichtigeren. Er begründet zwar plausibel, warum er mit vielen Leuten Umgang hat, nicht aber, warum diese Leute reich sind. Vertreibt er vielleicht Luxusartikel? Das erfahren wir nicht, weil er die Art seines Gewerbes tabuisiert.

Wahrscheinlichkeitsbeweis

Gegen die allgemeinen Verleumdungen setzt sich der Redner dadurch zur Wehr, dass er seine konkrete Person völlig aus dem Spiel lässt und einen reinen Wahrscheinlichkeits- oder Plausibilitätsbeweis führt. Bei einem armen, invaliden und alten Menschen seien der unterstellte Charakter und der Lebenswandel nicht glaubhaft (vgl. 41 – 43). Besonders trickreich an dieser Argumentation ist der Zirkelschluss, den sie enthält: Was der Redner beweisen soll (Armut und Invalidität), setzt er einfach voraus und stellt es damit als unanfechtbar hin. Die Worte „scheinen" und „wahrscheinlich" tauchen im Text auffallend häufig auf (z. B. Satz 4, 41, 42 und öfter).

Gefühlsappelle

In den übrigen Abschnitten des Textes setzt sich der Redner nicht mehr mit den gegen ihn erhobenen Anschuldigungen auseinander, sondern appelliert direkt an die Gefühle der Ratsherren. Hier ist eine sachliche Argumentationsweise von vornherein nicht zu erwarten.

ad personam

Gleich zu Beginn (besonders Satz 3) fällt auf, dass sich der Redner nicht zur Sache, sondern ad personam – zur Person des Anklägers – äußert. Er versucht ihn mit pauschalen Unterstellungen zu verunglimpfen.

Pauschalisierungen

Seine Behauptung, das Motiv für die Anklage sei allein Neid (4), ist undifferenziert. Pauschalisierungen dieser Art lassen sich auch an anderen Stellen der Rede nachweisen (vgl. z. B. Satz 47f.).

Gemeinplätze

Um von seiner eigenen Person abzulenken, ergeht sich der Redner, wie schon bei der Behandlung des Wahrscheinlichkeitsbeweises gezeigt, gern in unverbindlichen, zum Teil philosophisch anmutenden Binsenweisheiten, so genannten Gemeinplätzen. Zur Wahrheitsfindung tragen sie nicht bei, auch wenn sie – für sich betrachtet – nichts Unwahres enthalten. Beispiele dafür finden sich in Satz 9, 31 und öfter.

commiserationes

Ein relativ großer Teil der Rede entfällt auf commiserationes. Der Redner will durch beschwörende Bitten Mitleid erregen. Sie dienen als Gefühlsappelle in ganz besonderem Maß dazu, die Ratsherren zu beeinflussen. Auffällig ist dieses Mittel in Satz 25 bis 29 sowie im Schlussteil des Textes (Satz 58 – 73).

Humor

Nicht zuletzt ist es das Mittel des Humors, mit dem der Redner die Ratsherren für sich gewinnen will. Seine Überredungskunst stützt sich ganz wesentlich darauf, seine Zuhörer zum Lachen zu bringen (vgl. Satz 3, 7 – 10 und öfter).

Zusammenfassung

Zusammenfassend ist festzuhalten, dass der Redner davon absieht, durch rationale Argumente von seiner Hilfsbedürftigkeit und der Unhaltbarkeit der gegen ihn erhobenen Anschuldigungen zu überzeugen. Schon dort, wo er sich auf die gegnerischen Argumente bezieht – sowie verstärkt in den Teilen der Rede, in denen er sich direkt an die Ratsherren wendet –, bringt er eine Reihe von Überredungstechniken zum Einsatz, um die Gefühle der Richter in seinem Sinn zu beeinflussen. Insbesondere zielt er darauf ab, nachsichtiges Gelächter und Mitleid zu erzeugen.

Die folgenden Abschnitte gehören ebenfalls zur Analyse der Redetechnik. Ihr Inhalt geht aber weit über das hinaus, was normalerweise von Ihnen erwartet wird. Lesen Sie die Absätze trotzdem aufmerksam durch, denn hier lernen Sie eine Reihe von Überredungstechniken kennen, die in der Lysias-Rede zwar nur eine untergeordnete Rolle spielen, die Ihnen aber bei der Analyse anderer Reden eine große Hilfe sein können.

Vortäuschen von Selbstsicherheit

Gleich in den ersten beiden Sätzen findet sich eine Überredungstechnik, die auch bei modernen Reden häufig beobachtet werden kann: Der Redner täuscht Selbstsicherheit vor, um so die Richter zu einer unkritischen Aufnahme der nachfolgenden Ausführungen zu bewegen.

Versprechen, sich kurz zu fassen

Auch das Versprechen, sich kurz zu fassen, erfreut sich bis heute großer Beliebtheit. Es hat die Funktion, Ermüdungserscheinungen bei den Zuhörern vorzubeugen. In der vorliegenden Rede taucht es mehrmals auf (vgl. 12, 30 und 56f.).

Übertreibung

Es mag überraschen, dass Über- oder Untertreibungen in der Rede selten vorkommen. Immerhin ist Untertreibung mit im Spiel, wenn der Redner behauptet, er „betreibe ein Gewerbe, das nur wenig Gewinn abzuwerfen vermag" (21). Seine Befürchtung, ohne weiteren Bezug der Sozialhilfe „einem schrecklichen Schicksal entgegenzugehen" (24), darf man mit Recht als Übertreibung bezeichnen.

Schmeichelei

Ein Redner, der ganz darauf verzichtet, seinen Zuhörern zu schmeicheln, kann kaum darauf hoffen Gehör zu finden. In der vorliegenden Rede findet sich ein Beispiel für Schmeichelei in Satz 27: Der Redner rühmt das Mitleid seiner Richter.

Vortäuschen von Selbstlosigkeit

Ein Beispiel für das Vortäuschen von Selbstlosigkeit findet sich – obwohl es zum Charakter des Redners nicht sonderlich gut passt – in Satz 28: Der Redner gibt vor, nicht seine eigenen, sondern die Interessen der Behinderten im Allgemeinen zu vertreten. Die Taktik ist klar: Wer glaubhaft macht, dass er in erster Linie die Interessen anderer vertritt, stößt leichter auf offene Ohren.

Isolierung des Gegners

Satz 61 enthält eine Überredungstechnik, die man als „Isolierung des Gegners" bezeichnen kann. Indem der Redner den Ankläger als einzelnen Mann hinstellt, versucht er den Ratsherren weiszumachen, dass auch sie sich gesellschaftlich isolieren würden, wenn sie ihm zustimmten.

Berufung auf höhere Mächte

In Satz 59 beruft sich der Redner auf das Schicksal: Nicht dem Rat, sondern dem Schicksal verdanke er seinen Obolus. Die Berufung auf eine höhere Macht schließt hier den Gedanken mit ein, die Ratsherren würden sich gegen das Schicksal wenden, falls sie das Geld nicht weiterhin gewähren. In Satz 62 ist sogar vom „Götterwille(n)" die Rede.

5 Analyse der Sprache

Bevor Sie die Rede sprachlich analysieren, ist es sinnvoll, wenn Sie sich über die verschiedenen sprachlichen Mittel erst einmal einen Überblick verschaffen. Welche Mittel gibt es und wie lassen sie sich einteilen? Zur Beantwortung dieser Frage muss man wissen, woraus Sprache eigentlich besteht.

Sprache besteht immer dann aus sichtbaren Bestandteilen, wenn sie in Form eines geschriebenen oder gedruckten Textes vorliegt. Sprache als System von Schriftzeichen können wir wie ein Bild betrachten. Allerdings ist die visuelle Erscheinungsform der Sprache für die sprachliche Analyse ohne Bedeutung: Es gibt keine visuellen Stilfiguren.

Sprache ist aber auch ein System von Lauten. Einzelne Buchstaben, Silben und Wörter sind Klangkörper. Ein Teil der Stilfiguren sind akustische Figuren oder Klangfiguren.

7 Die folgenden Passagen aus der Lysias-Rede enthalten zwei verschiedene Klangfiguren. Wie heißen sie? Welchen Unterschied können Sie feststellen, wenn Sie darauf achten, ob die Wörter unverändert erhalten bleiben?

a) **13** Der Ankläger also behauptet, ich bezöge zu Unrecht die staatliche Unterstützung, denn ich sei körperlich valid und gehörte nicht zu den Invaliden.

b) **42** Und es ist nicht wahrscheinlich bei Invaliden (...) **43** Und es ist nicht wahrscheinlich, dass sich bereits im Alter fortgeschrittene Menschen übermütig benehmen (...).

8 In den folgenden drei Zitaten ist nur eine Klangfigur enthalten. Kreisen Sie entweder a, b oder c ein.

a) **9** Denn ich bin der Meinung, Hoher Rat, man muss die Gebrechen des Körpers mit Hilfe von Verdiensten der Seele ausgleichen.

b) **16** Und als Beweis dafür, dass ich von meinem Gewerbe gut lebe, gilt ihm, dass ich fähig bin, mit zu Geldverschwendung fähigen Menschen zusammen zu sein.

c) **29** Und das wäre doch auch wirklich merkwürdig, Hoher Rat, würde das Geld, das ich damals, als ich nur meine Behinderung hatte, für alle sichtbar empfing, mir heute, da Alter, Krankheiten und ihre Begleiterscheinungen mir zusetzen, wieder genommen werden!

Haben Sie in Übung 8 weder a noch c eingekreist? Dann haben sie völlig Recht! In a und c werden weder Wörter noch Bestandteile von Wörtern wiederholt. Stattdessen werden jeweils zwei Wörter bzw. Wortgruppen einander gegenübergestellt, die weder visuell noch klanglich etwas miteinander zu tun haben. Das ist hingegen bei b mit *fähig* und *fähigen* der Fall.

Gebrechen des Körpers / Verdiensten der Seele in a sowie *damals / heute* und *empfing / genommen werden* in c stehen allein durch ihre Bedeutungen zueinander in Beziehung. Die Begriffe werden als Gegensätze gegenübergestellt. Solche Gegensatzpaare nennt man Antithesen.

Diese Feststellung führt uns zu der Erkenntnis: Sprache ist nicht nur ein System von Schriftzeichen und ein System von Lauten, sondern auch ein System von Bedeutungsträgern oder ein semantisches System. Wir ordnen Laute und Buchstaben bestimmten Inhalten zu. Wenn wir beispielsweise das Wort *Blume* hören oder die Schriftzeichen für Blume sehen, dann erscheint vor unserem inneren Auge der Inhalt *Blume*.

Halten wir fest: Es gibt akustische Stilfiguren (z. B. die Anapher, das Wortspiel) und es gibt semantische Stilfiguren (z.B. die Antithese).

9 Die Lysias-Rede enthält zahlreiche Antithesen. Entscheiden Sie bei den unterstrichenen Wörtern / Wortgruppen, ob sie jeweils Gegensätze zueinander darstellen und somit Antithesen sind oder nicht. Kreisen Sie die Sätze ein, die Antithesen enthalten.

a) **3** Und ich werde in meiner Rede versuchen darzulegen, dass dieser ein Lügner ist, ich aber bis zum heutigen Tag einen eher des Lobes als des Neides würdigen Lebenswandel geführt habe.

b) **47** Daher scheint es mir, dass mein Ankläger über meinen angeblichen Übermut nicht im Ernst spricht, sondern im Scherz.

c) **49** Er behauptet außerdem, dass sich bei mir viele üble Leute versammeln, die ihr eigenes Geld verschwenden und es nun auf diejenigen abgesehen hätten, die das ihre behalten wollen.

d) **67** Oder weil ich allzu übermütig und gewalttätig bin?

10 Vereinzelt finden sich in der Lysias-Rede noch andere Stilfiguren, die auf der Bedeutungsebene (= semantische Ebene) wirken: **Akkumulation** (anhäufende Aufzählung), **Klimax** (aufsteigende Reihung) und **Synonymie** (Reihung bedeutungsverwandter Begriffe). Ordnen Sie die drei Stilfiguren den folgenden Zitaten zu. Schreiben Sie die Lösung auf die Zeilen.

a) **31** Denn ich glaube, Hoher Rat, dass alle Menschen, die irgendein Gebrechen haben, darüber nachdenken und philosophieren, wie sie Schmerzen vermeiden (…) können.

____

b) **39** Mein Ankläger behauptet, ich sei übermütig, gewalttätig und maßlos unbeherrscht (…).

____

c) **53** Wenn daher einer von Euch meinen Kunden üble Absichten vorwirft, so muss er diese doch offenbar auch allen anderen Kunden vorwerfen. **54** Und wenn auch allen anderen Kunden, schließlich auch allen Athenern.

Halten wir fest: Stilfiguren aus mehreren Wörtern oder Wortgruppen, die zueinander in einer Beziehung stehen, heißen Figuren der Wortfügung. Haben die Wörter / Wortgruppen eine klangliche Beziehung zueinander, dann sind es akustische Figuren der Wortfügung. Bei einer Beziehung auf der Bedeutungsebene handelt es sich um semantische Figuren der Wortfügung (Gedankenfiguren).
Wichtig: Begnügen Sie sich niemals damit, sprachliche Mittel nur festzustellen. Versuchen Sie immer auch ihre Funktion zu ergründen. Bleiben Sie nicht bei der Analyse stehen, sondern interpretieren Sie auch.

Wie wir wissen, will der Redner seine Position aufwerten und den Standpunkt der Gegenpartei abwerten. Das kann einerseits durch eine solide Argumentation geschehen (Überzeugung), andererseits aber auch durch Techniken, die auf die Gefühle der Zuhörer abzielen (Überredung). Der Zweck einer Rede bleibt aber stets die Persuasion (Überredung, Überzeugung).

Auch die sprachlichen Mittel – und speziell die Figuren der Wortfügung – sollen letztlich der Persuasion dienen. Aber in welcher Weise? – Auf diese Frage finden wir eine Antwort durch den Vergleich mit Malerei und Musik. Überlegen Sie: Gefällt Ihnen ein Bild, wenn es aus Farben besteht, die nicht aufeinander abgestimmt sind? Oder mögen Sie Songs, die unharmonisch klingen? Wohl kaum.

Hieraus lässt sich folgern: Jedes künstlerische Gebilde – dazu gehört auch ein Redetext – verlangt danach, dass seine Elemente sich wiederholen und aufeinander abgestimmt sind. Je besser Ton- oder Wortfolgen zueinander passen, desto stärker erregen sie die Aufmerksamkeit und desto besser bleiben sie im Gedächtnis haften.
Darin liegt die Funktion der Figuren der Wortfügung: Die zu einer Figur gehörenden Wörter sind über ihren Klang und / oder ihre Bedeutung aufeinander abgestimmt und erregen so in besonderer Weise das Interesse des Zuhörers.

Für diese Tatsache gibt es verschiedene Formulierungen. Die Funktion der Antithesen in der Lysias-Rede kann man so beschreiben:

✗ Durch die Antithesen verleiht der Redner seinen Gedanken besonderen Nachdruck.

✗ Durch ihren antithetischen Aufbau erhalten die Ausführungen ein besonderes Gewicht.

✗ Die häufige Verwendung von Antithesen sorgt für eine sehr klare Strukturierung der Gedanken.

✗ Die zahlreichen Antithesen machen die Ausführungen des Redners sehr eingängig, sodass sie im Gedächtnis der Zuhörer gut haften bleiben.

Natürlich beschreiben Sie die Wirkungsweise gleicher Stilfiguren in der Regel summarisch. Dennoch ist es wichtig, genügend Formulierungen parat zu haben.

11 Durch die Verwendung der Klimax in Satz 53f. erzielt der Redner neben Strukturierung und Nachdrücklichkeit noch eine andere Wirkung. Versuchen Sie diese Wirkung zu beschreiben.

Neben den Stilfiguren, die sich nur auf Wörter und Wortgruppen beziehen, fließen auch die Sätze insgesamt in die sprachliche Analyse mit ein. Dabei können recht verschiedene Gesichtspunkte ins Auge gefasst werden.

Bei der Lysias-Rede ist es sinnvoll, sich auf die Satztypen zu beschränken. Das häufige Vorkommen von **Ausrufesätzen**, **Fragesätzen** und **Aufforderungssätzen** fällt Ihnen sicher sofort auf. Was aber ist ihre Funktion? – Auf diese Frage finden Sie eine Antwort, wenn Sie sich klarmachen, dass die drei Satztypen eigentlich eher in einen Dialog gehören als in eine monologische Rede. Die Ratsherren sollen offenbar aus ihrer Zuhörerposition gerissen und in eine Art direkten Dialog verwickelt werden. Dass die Aufforderungssätze auch noch eine andere Funktion haben, wird sich im folgenden Abschnitt zeigen.

In welcher Reihenfolge werden Sie die sprachlichen Mittel behandeln? – Schon aus Zeitgründen beginnen Sie mit den sprachlichen Eigenheiten, die Ihnen am stärksten auffallen. Sofern es sprachliche Mittel gibt, die im Dienst von Überredungstechniken stehen, empfiehlt es sich, diese vorzuziehen. Mit Ihrer Sprachanalyse knüpfen Sie dann unmittelbar an die Analyse der Redetechnik an.

Was bedeutet das überhaupt: Ein sprachliches Mittel steht im Dienst einer Überredungstechnik? – Ein Blick auf die Lysias-Rede schafft Klarheit: Die Aufforderungssätze (25 – 28, 71) stehen ausnahmslos in commiserationes. Das kann kein Zufall sein. Offenbar werden die commiserationes von den Aufforderungssätzen unterstützt. Die commiserationes haben die Funktion, bei den Ratsherren Mitleid zu erregen. Da aber die Aufforderungssätze in ihrem Dienst stehen, haben letztlich auch sie diese Funktion.

Bei sprachlichen Mitteln, die im Dienst einer Überredungstechnik stehen, brauchen Sie sich über die Funktion keine Gedanken mehr zu machen.

Ihre sprachliche Analyse könnte demnach mit folgenden Worten beginnen:

> Nur ein kleiner Teil der sprachlichen Mittel steht im Dienst der behandelten Überredungstechniken. Die commiserationes etwa werden von Aufforderungssätzen (25 – 28, 71) unterstützt.

Die sprachlichen Mittel halten Sie auf Ihrer Vorlage am besten in zweifacher Weise fest: durch Markierungen im Text und durch Notieren der Fachbegriffe neben den Angaben zu den Überredungstechniken (rechter Rand). Wenn die Zeit knapp ist, notieren Sie sprachliche Mittel und Überredungstechniken möglichst im selben Lesedurchgang.

Für den Beginn des Textes sieht das zum Beispiel so aus:

1 Beinahe fühle ich mich meinem Ankläger zu
Dank verpflichtet, Hoher Rat, weil er mir diesen — *Anrede*
Prozess beschert hat. **2** Früher hatte ich ja keine
Veranlassung, über mein Leben Rechenschaft abzu-
legen; jetzt habe ich sie mit Hilfe dieses Mannes.
3 Und ich werde in meiner Rede versuchen darzu-
legen, dass dieser ein Lügner ist, ich aber bis zum
heutigen Tag einen eher des Lobes als des Neides — *Wortfamilie „Neid“*
würdigen Lebenswandel geführt habe. **4** Denn aus
keinem anderen Grund scheint dieser mir den

Prozess beschert zu haben als aus Neid. **5** Freilich, wer diejenigen beneidet, die von anderen bedauert werden: **6** Vor welcher Gemeinheit, glaubt Ihr, schreckt ein solcher Mensch zurück? **7** Denn falls er mich anzeigt, um mir Geld abzuknöpfen … (Gelächter bei den Ratsherren) (…) **8** So beneidet er mich also offensichtlich, Hoher Rat, weil ich, obgleich von einer solchen Behinderung geschlagen, ein besserer Bürger bin als er. **9** Denn ich bin der Meinung, Hoher Rat, man muss die Gebrechen des Körpers mit Hilfe von Verdiensten der Seele ausgleichen. **10** Denn wenn ich eine meiner körperlichen Verfassung entsprechende innere Einstellung hätte und ein dem entsprechendes Leben führte, worin unterschiede ich mich dann von diesem Mann? **11** Darüber sei also so viel gesagt.

Wortfamilie „Neid"

rhetorische Frage

Anrede

Anrede, Antithese

rhetorische Frage

12 Jetzt will ich mich so kurz wie möglich dazu äußern, worüber ich eigentlich sprechen muss. **13** Der Ankläger also behauptet, ich bezöge zu Unrecht die staatliche Unterstützung, denn ich sei körperlich valid und gehörte nicht zu den Invaliden. **14** Und zweitens: Ich betriebe ein solches Gewerbe, dass ich auch ohne die geleistete Zuwendung leben könne. **15** Als Beweis für meine körperliche Stärke führt er an, dass ich Pferde besteige. **16** Und als Beweis dafür, dass ich von meinem Gewerbe gut lebe, gilt ihm, dass ich fähig bin, mit zu Geldverschwendung fähigen Menschen zusammen zu sein.

Wortspiel

Wortspiel

Versuchen Sie jetzt eine komplette Analyse der Sprache zu formulieren. Lesen Sie erst danach den folgenden Lösungsvorschlag zu diesem Aufsatzteil, der auch rhetorische Mittel berücksichtigt, die in diesem Kapitel nicht wiederholt wurden.

Ihre Sprachanalyse könnte etwa so aussehen:

Aufforderungssätze
Ironie

Nur ein kleiner Teil der sprachlichen Mittel steht im Dienst der behandelten Überredungstechniken. Die commiserationes etwa werden von Aufforderungssätzen (25 – 28, 71) unterstützt. Obwohl der Redner die Ratsherren insbesondere durch Humor für sich gewinnen will, gebraucht er überraschend selten das Stilmittel der Ironie. Das Wort „größte" (33) immerhin wird man nicht wörtlich, sondern ironisch verstehen müssen, entpuppt sich doch der angeblich „größte Beweis" (33) dafür, dass der Redner nicht aus Übermut reitet, sofort als Farce.

Antithese

Das weitaus wichtigste Stilmittel ist die Antithese. In Satz 9 stehen die „Gebrechen des Körpers" den „Verdiensten der Seele" gegenüber, in Satz 19 „Vater" und „Mutter" sowie in Satz 25 der „Einklang mit dem Recht" der „Missachtung des Rechts". Weitere Beispiele tauchen in den Sätzen 26 („älter und schwächer" / „jünger und kräftiger"), 29 („damals" / „heute"), 47 („Ernst" / „Scherz") und 62 („Unglücksfälle" / „Glücksfälle") auf. Die häufige Verwendung von Antithesen sorgt für eine klare Strukturierung der Gedanken. Die Ausführungen des Redners werden sehr eingängig, sie bleiben im Gedächtnis der Ratsherren haften.

Synonymie
Akkumulation
Klimax

Andere semantische Figuren der Wortfügung fallen dagegen kaum ins Gewicht. Immerhin seien erwähnt: die Synonymie in Satz 31 („nachdenken und philosophieren"), die Akkumulation in Satz 39 („übermütig, gewalttätig und maßlos unbeherrscht") sowie die Klimax in Satz 53f. („meinen Kunden [...] allen anderen Kunden [...] allen Athenern").
Auch durch diese Mittel verleiht der Redner dem Inhalt des Gesagten Nachdruck; die Klimax dient zugleich einer gewissen Dramatisierung.

Anapher

Unter den Figuren der Wortfügung, die auch durch ihren Klang wirken, ist die Anapher eine der häufigsten.
Besonders eindrucksvoll ist das anaphorische Gebilde in den Sätzen 41 bis 43. Hier sind zwei dreifache Anaphern ineinander verschlungen: „Denn es ist nicht wahrscheinlich (...) sondern (...)" steht voran und wird anschließend zweimal – beginnend mit „Und" statt „Denn" als kleiner Abweichung – wiederholt. Eine weitere dreifache Anapher (siehe Satz 65, 67 und 69) hat die Besonderheit, dass die gleich lautenden Wortreihen „Oder weil ich" nicht unmittelbar aufeinander folgen, sondern durch eingeschobene Sätze voneinander getrennt sind.
Die Anapher ist ebenfalls ein Mittel der Textstrukturierung. Sie macht das Gesagte eingängiger und sorgt so dafür, dass es der Zuhörer nicht vergisst.

Wortfamilie „Neid"
Wortspiele

Weitere Figuren der Wortfügung, die auf Klang- und Bedeutungsebene gleichermaßen wirken, sind die Beispiele aus der Wortfamilie „Neid" (vgl. 3 – 8) und die Wortspiele in Satz 13 („valid" / „Invaliden") sowie in Satz 16 („fähig / „fähigen").

Anreden

Die über die ganze Rede verstreuten Wörter und Wendungen, mit denen sich der Angeklagte unmittelbar an die Ratsherren wendet, gehören ebenfalls zu den strukturierenden Elementen. Die Anrede „Hoher Rat" (1 und öfter) sowie die Personalpronomen „Ihr" (26 und öfter) und „Euch" (28 und öfter) tauchen regelmäßig auf.

Ringkomposition

Den Rahmen der Rede bilden die Wörter „Dank" (1) und „danken" (73); es liegt also eine Ringkomposition vor.

rhetorische Fragen / Ausrufesätze

Die Untersuchung der Satztypen zeigt eine häufige Verwendung rhetorischer Fragen (6 und öfter) und von Ausrufesätzen (29 und öfter). Wie schon durch die Anreden versucht der Redner dadurch, die Ratsherren aus ihrer Zuhörerposition zu reißen und gleichsam in einen direkten Dialog zu verwickeln.

Zusammenfassung

Zusammenfassend lässt sich festhalten, dass Antithesen, aber auch Aufforderungs- und Ausrufesätze sowie rhetorische Fragen die Rede entscheidend prägen. Unter den akustischen Figuren der Wortfügung sind Anrede und Anapher die wichtigsten. Figuren des Wortersatzes spielen kaum eine Rolle. Insgesamt ist der Stil der Rede gut verständlich und relativ schlicht.

6 Schluss

Mit dem Schluss Ihres Aufsatzes geben Sie eine abschließende und kritische Bewertung ab, die durchaus persönlich gefärbt sein darf. Je nach Beschaffenheit der Rede können dabei ganz unterschiedliche Gesichtspunkte zur Sprache kommen. Häufig werden Sie an die Analyse der Redetechnik – dem Kernstück Ihrer Arbeit – anknüpfen.

Sie können dabei Fragen nachgehen wie:

- Überwiegt rationale oder emotionale Argumentation?
- Wird die gewählte Argumentationsweise in der konkreten historischen Situation zum gewünschten Ziel geführt haben oder nicht?

Beweisen Sie dem Leser Ihres Aufsatzes, dass Sie sich – anders als die womöglich unkritischen Zuhörer – vom Redner nicht blenden lassen. Trauen Sie dem Redner jede Schlitzohrigkeit zu! Manchmal gibt es verräterische Stellen, die Sie als Belege für die wahre Gesinnung des Redners anführen können.

Versuchen Sie jetzt einen Schlussteil des Aufsatzes zu formulieren. Lesen Sie erst danach den folgenden Lösungsvorschlag.

Ihr Schluss könnte etwa so aussehen:

Der Text belegt eindrucksvoll, dass ein Redner der Antike – nicht anders als in der heutigen Zeit – hoffen durfte, durch einen bloßen Appell an die Gefühle seines Publikums Gehör zu finden. So kann der Invalide auf alle konkreten Angaben zur Sache (Höhe seines Gewinns, Art seiner Behinderung) oder auf die Hinzuziehung von Zeugen (z. B. eines Arztes, der über die Behinderung Auskunft gibt) verzichten. Meiner Meinung nach verzichtet der Redner nicht deshalb auf eine sachliche Verteidigungsrede, weil er hofft, mit der „Mitleidsmasche“ eher Gehör zu finden, sondern ganz einfach deshalb, weil er die

Beschuldigungen des Anklägers nicht widerlegen kann.
Besonders die selbstverräterischen Bemerkungen an einigen Stellen des Textes zeigen, dass der Redner in Wirklichkeit nicht allzu behindert war. So heißt es nicht etwa, dass sein Lebenswandel lobenswert sei, sondern nur, dass er einen eher des Lobes würdigen Lebenswandel geführt habe (vgl. 3). In Satz 30 spricht er davon, dass der Ankläger die Reitkunst zu erwähnen wagte. Er ärgert sich offenbar über diesen Verrat. In den Sätzen 63f. plaudert der Redner gar einen weiteren gegen ihn erhobenen Vorwurf aus, der den Ratsherren womöglich noch nicht bekannt war: Er habe jemanden durch einen Prozess um sein Vermögen gebracht.
Ob der Invalide trotzdem mit seiner Rede Erfolg hatte, lässt sich anhand des Textes nicht entscheiden. Der mögliche Erfolg wird ganz maßgeblich von Stimme, Mimik und Gestik während des Vortrags abhängig gewesen sein.

Zum Abschluss ein schematischer Überblick über die wichtigsten Analysepunkte der Lysias-Rede:

Redeziel:
weiterer Bezug des staatlichen Obolus

Überredungstechniken zur Widerlegung der Anschuldigungen

- Verdrehung
- Tabuisierung
- Ablenkungsmanöver
- Verschleierung
- Wahrscheinlichkeitsbeweis

Sonstige Überredungstechniken

- ad personam
- Pauschalisierung
- Gemeinplatz
- commiseratio
- Humor
- Vortäuschen von Selbstsicherheit
- Versprechen, sich kurz zu fassen
- Über- / Untertreibung
- Schmeichelei
- Vortäuschen von Selbstlosigkeit
- Isolierung des Gegners
- Berufung auf einen höheren Willen

Sprachliche Mittel im Dienst von Überredungstechniken

- Aufforderungssatz
- Ironie

Sonstige sprachliche Mittel

- Semantische Figuren der Wortfügung:
  Antithese · Synonymie · Akkumulation · Klimax
- Akustische Figuren der Wortfügung:
  Anapher · Wortspiel
- Satzbau / Satztypen:
  Anrede · rhetorische Frage · Ausrufesatz

7 Lösungen zu den Aufgaben

1 a) Information – b) Information und zugleich Zurückweisung eines Vorwurfs – c) beschwörende Bitte (commiseratio)

2 Der Angeklagte verfolgt mit seiner Rede das Ziel, trotz der gegen ihn erhobenen Vorwürfe und Verleumdungen die ihm in Form eines Obolus gewährte staatliche Unterstützung auch weiterhin zu erhalten.

3 Die Lösung hierzu finden Sie direkt im Anschluss an die Aufgabenstellung auf Seite 28.

4 a) Tabuisierung – b) Verdrehung – c) Wahrscheinlichkeitsbeweis

5 Freie Übung; hier sollen Sie die übrigen Textabschnitte genauer unter die Lupe nehmen.

6 Satz 1: ad personam – Satz 2: Pauschalisierung – Satz 3: Gemeinplatz – Satz 4: Humor – Satz 5: commiseratio

7 a) Wortspiel – b) Anapher; bei der Anapher wird ein Wort oder eine Wortgruppe unverändert wiederholt, beim Wortspiel hingegen nur Bestandteile von Wörtern.

8 Sie sollten b) eingekreist haben.

9 Sie sollten b) und c) eingekreist haben.

10 a) Synonymie – b) Akkumulation – c) Klimax

11 Auch die Klimax ist ein Mittel zur Strukturierung. Zugleich dient sie zur Steigerung und erzeugt eine Spannungskurve, was zur Dramatisierung eines Textabschnitts führt.

8 Komplettes Aufsatzbeispiel

Einleitung

In der „Rede eines invaliden Sozialhilfeempfängers" verteidigt sich ein älterer, körperbehinderter Athener Bürger anlässlich der alljährlichen Überprüfung seiner Hilfsbedürftigkeit gegen die Anschuldigungen eines Denunzianten, der ihm die Sozialhilfe streitig machen will.
Gehalten wurde die Rede um 400 v. Chr. vor dem Hohen Rat in Athen – einer Art attischem Parlament, das auch über die Gewährung von Sozialhilfe entschied. Verfasser der Rede ist wahrscheinlich der berühmte griechische Redenschreiber Lysias.

Inhaltsangabe Einleitung

In der Einleitung bedankt sich der Redner einerseits für die Anklage (1f.), andererseits diffamiert er seinen Gegner: Die Anklage sei sachlich unbegründet und ihr Motiv lediglich purer Neid (3 – 11).

Inhaltsangabe Hauptteil

Der Hauptteil (12 – 57) lässt sich in sechs Abschnitte untergliedern.
Zunächst informiert der Redner über die beiden gegen ihn erhobenen Hauptanklagepunkte mit ihren Beweisen. Er sei nicht invalide (13), da er in der Lage sei zu reiten (15). Er könne außerdem vom Gewinn aus seinem Gewerbe auch ohne staatliche Unterstützung leben (14). Das beweise die Tatsache, dass er mit Menschen Umgang habe, die auf großem Fuß leben (16).
Anschließend zeichnet der Redner ein düsteres Bild seiner finanziellen Situation, um auf diese Weise die Behauptung zu widerlegen, er könne auch ohne staatliche Unterstützung leben (17 – 24). Seine Ausführungen unterstreicht er mit einer commiseratio, also einer beschwörenden Bitte (25 – 29).
In Satz 30 bis 38 widerlegt der Angeklagte scheinbar den Beweis für den ersten Vorwurf. Dabei geht er aber auf die Behauptung des Anklägers, die Fähigkeit zu reiten sei ein Beweis für körperliche Tüchtigkeit, nicht wirklich ein. Stattdessen rechtfertigt er sich damit, dass er auf Pferden anderer Menschen reiten müsse und nicht auf einem eigenen Maulesel,

welchen er sich nicht leisten könne.
In Satz 39 bis 48 setzt sich der Redner durch den Rückgriff auf allgemeine Überlegungen gegen Verleumdungen zur Wehr, die auf sein unbeherrschtes Wesen und seinen liederlichen Lebenswandel abzielen.
Erst jetzt – in Satz 49 bis 58 – folgt die Widerlegung des Beweises für den zweiten Vorwurf. Der Redner behauptet einfach, die vielen Leute, mit denen er Umgang habe, seien Kunden. Für ihren Reichtum hat er keine Erklärung.

Inhaltsangabe Schluss

Der Schluss (58 – 73) hat im Wesentlichen noch einmal die Funktion einer beschwörenden Bitte (commiseratio). Er enthält eine zusammenfassende Aufzählung (enumeratio), in der der Redner vor allem die Verleumdungen noch einmal zurückweist. Am Ende der Rede steht, wie schon zu Beginn, eine Danksagung.

Analyse der Redetechnik / Redeziel

Der Angeklagte verfolgt mit seiner Rede das Ziel, trotz der gegen ihn erhobenen Vorwürfe die bislang gewährte staatliche Unterstützung auch weiterhin zu erhalten.

Argumentation

Dabei verwendet er kaum sachliche Argumente. Er geht vielmehr auf die Anschuldigungen nicht wirklich ein und versucht die Ratsherren stattdessen vor allem durch Gefühlsappelle für sich zu gewinnen. Der Redner überzeugt nicht, sondern versucht zu überreden.

Überleitung

Zunächst soll aufgezeigt werden, wie sich der Redner mit den Anschuldigungen auseinander setzt. Danach geht es um die wichtigsten Überredungstechniken, die der Redner verwendet.

Verdrehungen

Die Art, wie der Redner mit dem Beweis für den ersten Vorwurf umgeht, ist ein gutes Beispiel für Verdrehung. Indem er behauptet, seine finanzielle Situation erlaube es ihm nicht, sich ein Maultier zuzulegen (34f.), verdreht er den Vorwurf des Anklägers. Dieser hatte ja nicht den Vorwurf erhoben, der Redner reite statt auf Maultieren auf Pferden; er hatte ihm grundsätzlich das Reiten vorgeworfen –

was offensichtlich trotz der körperlichen Behinderung möglich ist (vgl. 15).
Wenngleich der Redner diesen grundsätzlichen Vorwurf berücksichtigt, bringt er doch die Behinderung in eine ganz einseitige Beziehung zum Reiten. Er will Maultier und Pferd nur als Hilfsmittel bei der Fortbewegung gelten lassen (32). Die Intention der Klage – dass das Reiten Körpergeschick voraussetzt – übersieht er geflissentlich. So verdreht er den Vorwurf noch ein zweites Mal.
Indem der Angeklagte schließlich die These aufstellt, wer zum Gehen *einen* Stock braucht, dem sei mit einem Maultier gedient, wer aber so schwer behindert ist, dass er *zwei* Stöcke braucht, der habe Anspruch auf ein Pferd, gelangt er zu einer weiteren Scheinrechtfertigung für seine Nutzung von Pferden (vgl. 36 – 38).

Absicht

Was sich der Angeklagte von einer Argumentation dieser Art erhofft, ist klar: mitleidiges Gelächter bei den Ratsherren.

Auf den zweiten Vorwurf näher einzugehen lehnt der Redner mit dem Vorwand ab, die Ratsherren wüssten über seine finanziellen Verhältnisse bereits Bescheid (17). Wir erfahren nur, dass sein Gewerbe „wenig Gewinn" (21) abwirft.

Tabuisierung

Das ist ein Beispiel für Tabuisierung. Die wichtigste Größe (exakte Höhe des Gewinns) für die Feststellung, ob der Redner sozialhilfeberechtigt ist oder nicht, fällt einfach unter den Tisch.

Ablenkungsmanöver

Gleichzeitig startet der Redner ein Ablenkungsmanöver, indem er – statt zu seinen eigenen Einnahmen präzise Angaben zu machen – die Mittellosigkeit seiner verstorbenen Eltern thematisiert (19).

Verschleierung

Um von der Frage nach dem Gewinn aus seinem Gewerbe abzulenken, macht der Redner außerdem vom Mittel der Verschleierung Gebrauch. Der Ausdruck „Darüber hinaus" zu Beginn von Satz 23 ist bewusst so gewählt, dass der Bezug unklar bleibt: Bezieht er sich auf den staatlichen Obolus und den Gewinn aus dem Gewerbe – oder nur auf den Obolus, wie es der Folgesatz (vgl. 24) nahe legt?

Die Entgegnung auf den Beweis für den zweiten Vorwurf, der Angeklagte habe Umgang mit reichen Leuten (vgl. 16), folgt erst in Satz 50 bis 55. Der Trick, den der Redner diesmal anwendet, besteht darin, dass er nur auf einen Teil des Beweises eingeht, und zwar auf den unwichtigeren. Er begründet zwar plausibel, warum er mit vielen Leuten Umgang hat, nicht aber, warum diese Leute reich sind. Vertreibt er vielleicht Luxusartikel? Das erfahren wir nicht, weil er die Art seines Gewerbes tabuisiert.

Wahrscheinlichkeitsbeweis

Gegen die allgemeinen Verleumdungen setzt sich der Redner dadurch zur Wehr, dass er seine konkrete Person völlig aus dem Spiel lässt und einen reinen Wahrscheinlichkeits- oder Plausibilitätsbeweis führt. Bei einem armen, invaliden und alten Menschen seien der unterstellte Charakter und der Lebenswandel nicht glaubhaft (vgl. 41 – 43). Besonders trickreich an dieser Argumentation ist der Zirkelschluss, den sie enthält: Was der Redner beweisen soll (Armut und Invalidität), setzt er einfach voraus und stellt es damit als unanfechtbar hin. Die Worte „scheinen" und „wahrscheinlich" tauchen im Text auffallend häufig auf (z. B. Satz 4, 41, 42 und öfter).

Gefühlsappelle

In den übrigen Abschnitten des Textes setzt sich der Redner nicht mehr mit den gegen ihn erhobenen Anschuldigungen auseinander, sondern appelliert direkt an die Gefühle der Ratsherren. Hier ist eine sachliche Argumentationsweise von vornherein nicht zu erwarten.

ad personam

Gleich zu Beginn (besonders Satz 3) fällt auf, dass sich der Redner nicht zur Sache, sondern ad personam – zur Person des Anklägers – äußert. Er versucht ihn mit pauschalen Unterstellungen zu verunglimpfen.

Pauschalisierungen

Seine Behauptung, das Motiv für die Anklage sei allein Neid (4), ist undifferenziert. Pauschalisierungen dieser Art lassen sich auch an anderen Stellen der Rede nachweisen (vgl. z. B. Satz 47f.).

Gemeinplätze

Um von seiner eigenen Person abzulenken, ergeht sich der Redner, wie schon bei der Behandlung des Wahrscheinlichkeitsbeweises gezeigt, gern in unverbindlichen, zum Teil philosophisch anmutenden Binsenweisheiten, so genannten Gemeinplätzen. Zur Wahrheitsfindung tragen sie nicht bei, auch wenn sie – für sich betrachtet – nichts Unwahres enthalten. Beispiele dafür finden sich in Satz 9, 31 und öfter.

commiserationes

Ein relativ großer Teil der Rede entfällt auf commiserationes. Der Redner will durch beschwörende Bitten Mitleid erregen. Sie dienen als Gefühlsappelle in ganz besonderem Maß dazu, die Ratsherren zu beeinflussen. Auffällig ist dieses Mittel in Satz 25 bis 29 sowie im Schlussteil des Textes (Satz 58 – 73).

Humor

Nicht zuletzt ist es das Mittel des Humors, mit dem der Redner die Ratsherren für sich gewinnen will. Seine Überredungskunst stützt sich ganz wesentlich darauf, seine Zuhörer zum Lachen zu bringen (vgl. Satz 3, 7 – 10 und öfter).

Zusammenfassung

Zusammenfassend ist festzuhalten, dass der Redner davon absieht, durch rationale Argumente von seiner Hilfsbedürftigkeit und der Unhaltbarkeit der gegen ihn erhobenen Anschuldigungen zu überzeugen. Schon dort, wo er sich auf die gegnerischen Argumente bezieht – sowie verstärkt in den Teilen der Rede, in denen er sich direkt an die Ratsherren wendet –, bringt er eine Reihe von Überredungstechniken zum Einsatz, um die Gefühle der Richter in seinem Sinn zu beeinflussen. Insbesondere zielt er darauf ab, nachsichtiges Gelächter und Mitleid zu erzeugen.

Analyse der Sprache

Nur ein kleiner Teil der sprachlichen Mittel steht im Dienst der behandelten Überredungstechniken.

Aufforderungssätze

Die commiserationes etwa werden von Aufforderungssätzen (25 – 28, 71) unterstützt. Obwohl der Redner die Ratsherren insbesondere durch Humor für sich gewinnen will, gebraucht er überraschend

Ironie

selten das Stilmittel der Ironie. Das Wort „größte“ (33) immerhin wird man nicht wörtlich, sondern ironisch verstehen müssen, entpuppt sich doch der angeblich „größte Beweis" (33) dafür, dass der Redner nicht aus Übermut reitet, sofort als Farce.

Antithese

Das weitaus wichtigste Stilmittel ist die Antithese. In Satz 9 stehen die „Gebrechen des Körpers" den „Verdiensten der Seele" gegenüber, in Satz 19 „Vater" und „Mutter" sowie in Satz 25 der „Einklang mit dem Recht" der „Missachtung des Rechts". Weitere Beispiele tauchen in den Sätzen 26 („älter und schwächer" / „jünger und kräftiger"), 29 („damals" / „heute"), 47 („Ernst" / „Scherz") und 62 („Unglücksfälle" / „Glücksfälle") auf. Die häufige Verwendung von Antithesen sorgt für eine klare Strukturierung der Gedanken. Die Ausführungen des Redners werden sehr eingängig, sie bleiben im Gedächtnis der Ratsherren haften.

Synonymie
Akkumulation
Klimax

Andere semantische Figuren der Wortfügung fallen dagegen kaum ins Gewicht. Immerhin seien erwähnt: die Synonymie in Satz 31 („nachdenken und philosophieren"), die Akkumulation in Satz 39 („übermütig, gewalttätig und maßlos unbeherrscht") sowie die Klimax in Satz 53f. („meinen Kunden (...) allen anderen Kunden (...) allen Athenern").
Auch durch diese Mittel verleiht der Redner dem Inhalt des Gesagten Nachdruck; die Klimax dient zugleich einer gewissen Dramatisierung.

Anapher

Unter den Figuren der Wortfügung, die auch durch ihren Klang wirken, ist die Anapher eine der häufigsten.
Besonders eindrucksvoll ist das anaphorische Gebilde in den Sätzen 41 bis 43. Hier sind zwei dreifache Anaphern ineinander verschlungen: „Denn es ist nicht wahrscheinlich (...) sondern (...)" steht voran und wird anschließend zweimal – beginnend mit „Und" statt „Denn" als kleiner Abweichung – wiederholt. Eine weitere dreifache Anapher (siehe Satz 65, 67 und 69) hat die Besonderheit, dass die gleich lautenden Wortreihen „Oder weil ich" nicht unmittelbar aufeinander folgen, sondern durch eingeschobene Sätze voneinander getrennt sind.

Die Anapher ist ebenfalls ein Mittel der Textstrukturierung. Sie macht das Gesagte eingängiger und sorgt so dafür, dass es der Zuhörer nicht vergisst.

Wortfamilie „Neid“
Wortspiele

Weitere Figuren der Wortfügung, die auf Klang- und Bedeutungsebene gleichermaßen wirken, sind die Beispiele aus der Wortfamilie „Neid“ (vgl. 3 – 8) und die Wortspiele in Satz 13 („valid“ / „Invaliden“) sowie in Satz 16 („fähig / „fähigen“).

Anreden

Die über die ganze Rede verstreuten Wörter und Wendungen, mit denen sich der Angeklagte unmittelbar an die Ratsherren wendet, gehören ebenfalls zu den strukturierenden Elementen. Die Anrede „Hoher Rat“ (1 und öfter) sowie die Personalpronomen „Ihr“ (26 und öfter) und „Euch“ (28 und öfter) tauchen regelmäßig auf.

Ringkomposition

Den Rahmen der Rede bilden die Wörter „Dank“ (1) und „danken“ (73); es liegt also eine Ringkomposition vor.

rhetorische Fragen / Ausrufesätze

Die Untersuchung der Satztypen zeigt eine häufige Verwendung rhetorischer Fragen (6 und öfter) und von Ausrufesätzen (29 und öfter). Wie schon durch die Anreden versucht der Redner dadurch, die Ratsherren aus ihrer Zuhörerposition zu reißen und gleichsam in einen direkten Dialog zu verwickeln.

Zusammenfassung

Zusammenfassend lässt sich festhalten, dass Antithesen, aber auch Aufforderungs- und Ausrufesätze sowie rhetorische Fragen die Rede entscheidend prägen. Unter den akustischen Figuren der Wortfügung sind Anrede und Anapher die wichtigsten. Figuren des Wortersatzes spielen kaum eine Rolle. Insgesamt ist der Stil der Rede gut verständlich und relativ schlicht.

Schluss / Fazit

Der Text belegt eindrucksvoll, dass ein Redner der Antike – nicht anders als in der heutigen Zeit – hoffen durfte, durch einen bloßen Appell an die Gefühle seines Publikums Gehör zu finden. So kann der Invalide auf alle konkreten Angaben zur Sache (Höhe seines Gewinns, Art seiner Behinderung) oder auf die Hinzuziehung von Zeugen (z. B. eines Arztes, der über die Behinderung Auskunft gibt) verzichten. Meiner Meinung nach verzichtet der Redner nicht deshalb auf eine sachliche Verteidigungsrede, weil er hofft, mit der „Mitleidsmasche" eher Gehör zu finden, sondern ganz einfach deshalb, weil er die Beschuldigungen des Anklägers nicht widerlegen kann.

Besonders die selbstverräterischen Bemerkungen an einigen Stellen des Textes zeigen, dass der Redner in Wirklichkeit nicht allzu behindert war. So heißt es nicht etwa, dass sein Lebenswandel lobenswert sei, sondern nur, dass er einen eher des Lobes würdigen Lebenswandel geführt habe (vgl. 3). In Satz 30 spricht er davon, dass der Ankläger die Reitkunst zu erwähnen wagte. Er ärgert sich offenbar über diesen Verrat. In den Sätzen 63f. plaudert der Redner gar einen weiteren gegen ihn erhobenen Vorwurf aus, der den Ratsherren womöglich noch nicht bekannt war: Er habe jemanden durch einen Prozess um sein Vermögen gebracht.

Ob der Invalide trotzdem mit seiner Rede Erfolg hatte, lässt sich anhand des Textes nicht entscheiden. Der mögliche Erfolg wird ganz maßgeblich von Stimme, Mimik und Gestik während des Vortrags abhängig gewesen sein.

C Adolf Hitler: *Rundfunkrede vom 21. Juli 1944*

1 Deutsche Volksgenossen und -genossinnen!

2 Ich weiß nicht, zum wievielten Male nunmehr ein Attentat auf mich geplant und zur Ausführung gekommen ist. **3** Wenn ich heute zu Ihnen spreche, dann geschieht es aber besonders aus zwei Gründen:

4 1. Damit Sie meine Stimme hören und wissen, dass ich selbst unverletzt und gesund bin.

5 2. Damit Sie aber auch das Nähere erfahren über ein Verbrechen, das in der deutschen Geschichte seinesgleichen sucht.

6 Eine [a] ganz kleine Clique [b] ehrgeiziger, gewissenloser und zugleich verbrecherischer, dummer Offiziere hat ein Komplott geschmiedet, um mich zu beseitigen und zugleich mit mir den Stab praktisch der deutschen Wehrmachtführung auszurotten.

7 Die Bombe, die von dem Oberst Graf von Stauffenberg gelegt wurde, krepierte zwei Meter an meiner rechten Seite. **8** Sie hat eine Reihe mir teurer Mitarbeiter sehr schwer verletzt, einer ist gestorben. **9** Ich selbst bin völlig unverletzt, bis auf ganz kleine Hautabschürfungen, Prellungen oder Verbrennungen. **10** [c] Ich fasse das als eine Bestätigung des Auftrages der Vorsehung auf, mein Lebensziel weiter zu verfolgen, so wie ich es bisher getan habe. **11** [d] Denn ich darf es vor der ganzen Nation feierlich gestehen, daß ich seit dem Tage, an dem ich in die Wilhelmstraße einzog, nur einen einzigen Gedanken hatte, nach bestem Wissen und Gewissen meine Pflicht zu erfüllen, und daß ich, seit mir klar wurde, daß der Krieg ein unausbleiblicher war und nicht mehr aufgeschoben werden konnte, eigentlich nur Sorge und Arbeit kannte und in zahllosen Tagen und durchwachten Nächten nur für mein Volk lebte!

12 Es hat sich in einer Stunde, in der die deutschen Armeen in schwerstem Ringen stehen, ähnlich wie in Italien nun auch in Deutschland [e] eine ganz kleine Gruppe gefunden, die nun glaubte, wie im Jahr 1918 den Dolchstoß in den Rücken führen zu können. **13** Sie hat sich diesmal aber schwer getäuscht.

14 Die Behauptung dieser Usurpatoren, daß ich nicht mehr lebe, wird jetzt in diesem Augenblick widerlegt, da ich zu euch, [f] meine lieben Volksgenossen, spreche. **15** [g] Der Kreis, den diese Usurpatoren darstellen, ist ein denkbar kleiner. **16** Er hat mit der deutschen Wehrmacht und vor allem auch mit dem deutschen Heer nichts zu tun. **17** Es ist ein ganz kleiner Klüngel verbrecherischer Elemente, die jetzt unbarmherzig ausgerottet werden.

18 Ich befehle daher in diesem Augenblick:
19 1. Daß keine zivile Stelle irgendeinen Befehl entgegenzunehmen hat von einer Dienststelle, die sich diese Usurpatoren anmaßen;
2. daß keine militärische Stelle, kein Führer einer Truppe, kein Soldat irgendeinem Befehl dieser Usurptoren zu gehorchen hat, daß im Gegenteil jeder verpflichtet ist, den Übermittler oder den Geber eines solchen Befehls entweder sofort zu verhaften oder bei Widerstand augenblicklich niederzumachen.

20 Ich habe, um endgültig Ordnung zu schaffen, zum Befehlshaber des Heimatheeres den Reichsminister Himmler ernannt. **21** Ich habe in den Generalstab Generaloberst Guderian berufen, um den durch Krankheit zur Zeit ausgefallenen Generalstabschef zu ersetzen, und einen zweiten bewährten Führer der Ostfront zu seinem Gehilfen bestimmt.
22 In allen anderen Dienststellen des Reiches ändert sich nichts. **23** Ich bin der Überzeugung, daß wir mit dem Austreten dieser [h] ganz kleinen Verräter- und

Verschwörerclique nun endlich aber auch im Rücken der Heimat die Atmosphäre schaffen, die die Kämpfer der Front brauchen. **24** Denn es ist unmöglich, daß vorn Hunderttausende und Millionen braver Männer ihr Letztes hergeben, während zu Hause [i] ein ganz kleiner Klüngel [j] ehrgeiziger, erbärmlicher Kreaturen diese Haltung dauernd zu hintertreiben versucht.

25 Diesmal wird nun so abgerechnet, wie wir das als Nationalsozialisten gewohnt sind.

26 [k] Ich bin überzeugt, daß jeder anständige Offizier, jeder tapfere Soldat in dieser Stunde das begreifen wird.

27 Welches Schicksal Deutschland getroffen hätte, wenn der Anschlag heute gelungen sein würde, das vermögen die wenigsten sich vielleicht auszudenken.

28 [l] Ich selber danke der Vorsehung und meinem Schöpfer nicht deshalb, daß er mich erhalten hat – mein Leben ist nur Sorge und ist nur Arbeit für mein Volk –, sondern ich danke ihm nur deshalb, daß er mir die Möglichkeit gab, diese Sorge weiter tragen zu dürfen und in meiner Arbeit weiter fortzufahren, so gut ich das vor meinem Gewissen verantworten kann.

29 Es hat jeder Deutsche, ganz gleich, wer er sein mag, die Pflicht, diesen Elementen rücksichtslos entgegenzutreten, sie entweder sofort zu verhaften oder, wenn sie irgendwie Widerstand leisten sollten, ohne weiteres niederzumachen. **30** Die Befehle an sämtliche Truppen sind ergangen. **31** Sie werden blind ausgeführt, entsprechend dem Gehorsam, den das deutsche Heer kennt.

32 [m] Ich darf besonders Sie, meine alten Kampfgefährten, noch einmal freudig begrüßen, daß es mir wieder vergönnt war, [n] einem Schicksal zu entgehen, das nicht für mich Schreckliches in sich barg, sondern das den Schrecken für das deutsche Volk gebracht hätte.

33 [o] Ich ersehe daraus auch einen Fingerzeig der Vorsehung, daß ich mein Werk weiter fortführen muß und daher weiter fortführen werde!

Schenk Graf von Stauffenberg, der dem Kreisauer Kreis angehörte, einer Widerstandsgruppe, die sich um den Grafen von Moltke auf Gut Kreisau versammelte, schmuggelte am 20. Juli 1944 eine Bombe ins Führerhauptquartier „Wolfsschanze“ bei Rastenburg (Ostpreußen). Es gab Verletzte und Tote, Hitler jedoch blieb fast unversehrt. Am Tag nach dem gescheiterten Attentat hielt er die hier abgedruckte Rundfunkrede.

1 Analyse der Redetechnik

Die Reden Hitlers zeichnen sich dadurch aus, dass sie dem Bedürfnis des einfachen Mannes nach klaren Verhältnissen so weit wie möglich entgegenkommen. Zwischentöne sind kaum vorhanden; die Menschheit zerfällt in Gute und Böse. Zu den Bösen, die „rücksichtslos niederzumachen“ sind, gehören die Widerstandskämpfer. Die Guten sind jene, die im selbstlosen Einsatz für das Vaterland ihr Leben lassen.

So leicht durchschaubar dieses Wertesystem ist, so leicht sind auch die Überredungstechniken zu erkennen, derer sich Hitler bedient. Da sie noch dazu in steter Folge wiederkehren, kann – vom heutigen Standpunkt aus betrachtet – eigentlich nur ein einfältiger Mensch auf sie hereinfallen. Aber wir dürfen nicht vergessen: Hitler hielt zum Zeitpunkt der Rede längst alle Gewalt in seinen Händen, sodass er bei der Verfolgung seiner Ziele nicht allein auf die Kraft des Wortes angewiesen war.

Anhand der Analyse der Lysias-Rede in Kapitel B haben Sie bereits eine Reihe von Überredungstechniken kennen gelernt. Sie sind hier zusammengefasst:

- ad personam
- Berufung auf einen höheren Willen
- Schmeichelei
- Verdrehung
- Gemeinplatz
- Vortäuschen von Selbstlosigkeit
- Humor
- commiseratio
- Isolierung des Gegners
- Versprechen, sich kurz zu fassen
- Wahrscheinlichkeitsbeweis
- Vortäuschen von Selbstsicherheit

1 In der Hitler-Rede kommen sechs der im Kasten genannten Redetechniken vor. Nehmen Sie nun den Text genauer unter die Lupe – und zwar die Sätze und Satzteile, die nach den Kleinbuchstaben in eckigen Klammern stehen. Ordnen Sie diesen Abschnitten die sechs Überredungstechniken zu.

2 Hitler argumentiert nicht, sondern er appelliert an die Gefühle der Zuhörer. Dieser Appell erfolgt unter anderem durch die Verwendung so genannter Schlüsselwörter. Welche beiden häufig auftretenden Begriffe sind wohl die wichtigsten politischen Schlüsselwörter der Rede? Schreiben Sie die Wörter auf die Zeile.

____

3 Die Schlüsselwörter gehören zu den sprachlichen Mitteln. In der Hitler-Rede stehen sie im Dienst der Überredungstechnik, die man als Erzeugung eines Wir-Gefühls bezeichnen kann. In welchen beiden Sätzen erzeugt der Redner durch die Verwendung des Personalpronomens *wir* ein Wir-Gefühl? Schreiben Sie die Satznummern auf die Zeile.

____

Auf die sprachliche Analyse verzichten wir bei diesem Text und beschäftigen uns ausschließlich mit der Redetechnik. Berücksichtigen Sie also die Schlüsselwörter in Ihrer Analyse der Redetechnik! Sprachliche Mittel, die im Dienst einer Überredungstechnik stehen, können generell schon im Rahmen der Analyse der Redetechnik behandelt werden.

Versuchen Sie jetzt eine komplette Analyse der Redetechnik zu formulieren. Lesen Sie erst danach den folgenden Lösungsvorschlag.

2 Aufsatzbeispiel zur Analyse der Redetechnik

Redeziel

Adolf Hitler verfolgt mit seiner Rundfunkrede vom 21. Juli 1944 das Ziel, nach dem Fehlschlagen des gegen ihn verübten Attentats jeden weiteren Widerstand bereits im Keim zu ersticken.

Argumentation

Er versucht dies vor allem durch die Anwendung bewährter Überredungstechniken zu erreichen. Auf rationale Argumente verzichtet er. Seine unumschränkten Machtbefugnisse erlauben es ihm, seine Zuhörer einzuschüchtern und so unmittelbar Druck auf sie auszuüben.

Isolierung des Gegners

Die von Hitler am häufigsten angewendete Überredungstechnik ist die Isolierung des Gegners (vgl. 6, 12, 15 – 17, 23f.). Es ist klar, dass er den politischen Gegner in die Enge treiben und seine Bedeutung herunterspielen muss, um etwaigen Sympathisanten jeden Mut zu weiterem Widerstand von vornherein zu nehmen.

ad personam

Die Überredungstechnik ad personam begegnet uns in den Sätzen 6, 24 und 26. Die persönliche Beschimpfung steigert sich bisweilen bis zur völligen Entmenschlichung der Gegner, die dann nur noch als „Elemente" (17, 29) bezeichnet werden.

Schmeichelei

Die Zuhörer hingegen versucht Hitler auf seine Seite zu ziehen, indem er ihnen schmeichelt (vgl. 14, 32).

Erzeugung eines Wir-Gefühls

Eng verbunden mit der Schmeichelei ist das Bemühen, ein Wir-Gefühl zu erzeugen. Hitler schmeichelt seinen Zuhörern ja auch dadurch, dass er sich mittels des Personalpronomens „wir" mit ihnen auf eine Stufe stellt. Deutlich wird dies in Satz 23, besonders aber in Satz 25, wo es heißt: „Diesmal wird nun so abgerechnet, wie wir das als Nationalsozialisten gewohnt sind".

Schlüsselwörter

Auch politische Schlüsselwörter dienen indirekt der Erzeugung eines Wir-Gefühls – sie stehen also im Dienst dieser Überredungstechnik. Die wichtigsten sind „deutsch" mit Ableitungen (vgl. 1, 5, 6 und öfter) sowie „Volk" mit Ableitungen (1, 11, 14, 28, 32).

Vortäuschen von Selbstlosigkeit

Sich selbst stellt Hitler als völlig uneigennützig dar, allein das Wohl seines Volkes liege ihm am Herzen (vgl. 11, 28). Seinen aufopferungsvollen Dienst leiste er nicht aus eigenem Antrieb, sondern im Auftrag der Vorsehung und des Schöpfers. Über Leben und Tod wache das Schicksal.

Berufung auf höheren Willen

Obwohl Hitler durch die Berufung auf einen höheren Willen seine eigenen Verdienste schmälert, macht er häufig von ihr Gebrauch (vgl. 10, 28, 32, 33).

Vortäuschen von Selbstsicherheit

Das Vortäuschen von Selbstsicherheit, wie es sich in Satz 26 findet, steht mit der Berufung auf einen höheren Willen in enger Beziehung: Wer sich im Bund mit der Vorsehung wähnt, kann auch selbstbewusst fordern, Gehör zu finden.

Abwertung des Gegners

Denjenigen, die seiner Ansicht nicht zustimmen, unterstellt Hitler mangelnde Intelligenz (vgl. ebenda).

Einschüchterung

Schon durch das Beschwören des Schreckensszenarios, das im Falle eines erfolgreichen Attentats angeblich eingetreten wäre (vgl. 27, 32), übt Hitler auf seine Zuhörer Druck aus, um sie auf diese Weise an sich zu binden.

Befehle

Die Tatsache, dass er aufgrund seiner Machtstellung auf das bloße Überreden nicht angewiesen ist, zeigt sich aber vollends darin, dass er seine Rede auch dazu nutzt, Befehle zu erteilen und erwartet, dass sie mit blindem Gehorsam ausgeführt werden (vgl. 18f., 29, 31).

Der schematische Überblick über die wichtigsten Analysepunkte zur Redetechnik der Hitler-Rede sieht so aus:

Redeziel:
Ersticken jeden weiteren Widerstands gegen das NS-Regime

Überredungstechniken

- Isolierung des Gegners
- ad personam
- Schmeichelei
- Erzeugen eines Wir-Gefühls
- Vortäuschen von Selbstlosigkeit
- Berufung auf höheren Willen
- Vortäuschen von Selbstsicherheit
- Abwertung des Gegners
- Einschüchterung

Sprachliche Mittel im Dienst von Überredungstechniken

- Schlüsselwörter

3 Lösungen zu den Aufgaben

1 [b], [j]: ad personam – [c], [l], [n], [o]: Berufung auf höheren Willen – [d], [l]: Vortäuschen von Selbstlosigkeit – [a], [e], [g], [h], [i]: Isolierung des Gegners – [f], [m]: Schmeichelei – [k]: Vortäuschen von Selbstsicherheit

2 Die Schlüsselwörter lauten *deutsch* (Satz 1, 5, 6 und öfter) sowie *Volk* (Satz 1, 11, 14 und öfter), jeweils mit Ableitungen.

3 Es sind die Sätze 23 und 25.

D Rosa Luxemburg: *Rede zum Programm der KPD*

(…) **1** Genossen, unser heutiger Parteitag, der ja, wie ich glaube mit Stolz sagen zu dürfen, der konstituierende Parteitag der einzigen revolutionären sozialistischen Partei des deutschen Proletariats ist, dieser Parteitag fällt zusammen durch Zufall oder vielmehr, wenn ich eigentlich recht sagen soll, nicht durch Zufall mit einem Wendepunkt in der Entwicklung der deutschen Revolution selbst. **2** Man kann behaupten, daß mit den Vorgängen der letzten Tage die Anfangsphase der deutschen Revolution abgeschlossen ist, daß wir jetzt in ein zweites weiteres Stadium der Entwicklung treten, und es ist unser aller Pflicht und zugleich die Quelle einer besseren, tieferen Erkenntnis für die Zukunft, Selbstkritik zu üben, eine nachdenkliche kritische Prüfung des Geleisteten, Geschaffenen und Versäumten vorzunehmen, um die Handhaben für unser weiteres Vorgehen zu gewinnen. **3** Wir wollen einen prüfenden Blick auf die eben abgeschlossene erste Phase der Revolution werfen!

4 Ihr Ausgangspunkt war der 9. November. **5** Der 9. November war eine Revolution voller Unzulänglichkeiten und Schwächen. **6** Das ist kein Wunder. **7** Es war die Revolution, die nach den vier Jahren des Krieges gekommen ist, nach den vier Jahren, in denen das deutsche Proletariat dank der Erziehungsschule der Sozialdemokratie und der freien Gewerkschaften ein solches Maß von Schmach und Verleugnung seiner sozialistischen Aufgaben an den Tag gelegt hat, wie sich dafür in keinem anderen Lande uns ein Beispiel bietet. (…) **8** Parteigenossen, diese erste Phase vom 9. November bis zu den letzten Tagen ist charakterisiert durch Illusionen nach allen Seiten hin. **9** Die erste Illusion des Proletariats und der Soldaten, die die Revolution gemacht haben, war:

die Illusion der Einigkeit unter dem Banner des sogenannten Sozialismus. (…) **10** Ferner eine Illusion der Bourgeoisie in diesem abgeschlossenen Stadium, daß sie vermittels der Kombination Ebert – Haase, der sogenannten sozialistischen Regierung, in Wirklichkeit die proletarischen Massen im Zügel halten und die sozialistische Revolution werde erdrosseln können, und die Illusion auf seiten der Regierung Ebert – Scheidemann, daß sie mit Hilfe der soldatischen Massen von den Fronten die Arbeitermassen in ihrem sozialistischen Klassenkampfe niederhalten könnte. **11** Das waren die verschiedenartigen Illusionen, aus denen sich auch die Vorgänge der letzten Zeit erklären lassen. **12** Sämtliche Illusionen sind in nichts zerronnen.

13 Es hat sich gezeigt, daß die Vereinigung von Haase mit Ebert – Scheidemann unter dem Schilde des „Sozialismus" in Wirklichkeit nichts anderes bedeutete als ein Feigenblatt auf eine rein konterrevolutionäre Politik, und wir haben erlebt, daß wir von dieser Selbsttäuschung geheilt wurden wie in allen Revolutionen. **14** Es gibt eine bestimmte revolutionäre Methode, das Volk von seinen Illusionen zu kurieren, diese Kur wird aber leider mit dem Blute des Volkes erkauft. **15** Genau wie in allen früheren Revolutionen so auch hier. (…)

16 Was ergibt sich nun als weitere Perspektive der Entwicklung, nachdem wir ihre erste Phase hinter uns haben? (…)
17 Ebert – Scheidemann werden durch die Verhältnisse dahin gestoßen, zur Diktatur mit oder ohne Belagerungszustand zu greifen. **18** Daraus ergibt sich aber, daß wir gerade durch die bisherige Entwicklung, durch die Logik der Ereignisse selbst und durch das Gewaltsame, das über den Ebert – Scheidemann lastet, dazu kommen werden, in der zweiten Phase der Revolution eine viel verschärftere Auseinandersetzung, viel heftigere Klassenkämpfe zu erleben, als das vorhin der Fall war; eine viel schärfere Auseinandersetzung nicht bloß deshalb, weil die politischen Momente, die ich bisher aufgezählt habe, dahin

führen, ohne Illusionen, Brust an Brust, Auge in Auge den Kampf zwischen der Revolution und der Konterrevolution aufzunehmen, sondern deshalb, weil ein neues Feuer, eine neue Flamme immer mehr aus der Tiefe in das Ganze hineingreift, und das sind die wirtschaflichen Kämpfe.

19 Parteigenossen, es ist sehr charakteristisch für die erste Periode der Revolution, man kann sagen, bis zum 24. Dezember, die ich geschildert habe, daß sie – wir müssen uns das mit vollem Bewußtsein klarmachen – eine noch ausschließlich politische Revolution war; und darin liegt das Anfängliche, das Unzulängliche, das Halbe und Bewußtlose dieser Revolution. **20** Das war das erste Stadium einer Umwälzung, deren Hauptaufgaben auf ökonomischem Gebiet liegen: Umschwung der wirtschaftlichen Verhältnisse. **21** Sie war unbefangen, bewußtlos wie ein Kind, das hinaustappt, ohne zu wissen wohin, sie hatte noch, wie gesagt, einen rein politischen Charakter. **22** Erst in den letzten Wochen haben ganz spontan die Streiks angefangen sich bemerkbar zu machen.

23 Wir wollen es nunmehr aussprechen: **24** Es liegt gerade in dem ganzen Wesen dieser Revolution, daß die Streiks sich mehr und mehr auswachsen, daß sie immer mehr zum Mittelpunkt, zur Hauptsache der Revolution werden müssen. **25** Das ist dann eine ökonomische Revolution und damit wird sie eine sozialistische Revolution. **26** Der Kampf um den Sozialismus kann aber nur durch die Massen, unmittelbar Brust an Brust mit dem Kapitalismus ausgefochten werden, in jedem Betriebe, von jedem Proletarier gegen seinen Unternehmer. **27** Nur dann wird es eine sozialistische Revolution sein.
28 Gedankenlosigkeit freilich stellte sich den Gang anders vor. **29** Man dachte, es ist nur nötig, die alte Regierung zu stürzen, eine sozialistische Regierung an die Spitze zu stellen, dann werden Dekrete erlassen, die den Sozialismus einführen. **30** Das war wiederum nichts als eine Illusion. **31** Der Sozialismus wird

nicht gemacht und kann nicht gemacht werden durch Dekrete, auch nicht von einer noch so ausgezeichneten sozialistischen Regierung. **32** Der Sozialismus muß durch die Massen, durch jeden Proletarier gemacht werden. **33** Dort, wo sie an die Kette des Kapitals geschmiedet sind, dort muß die Kette zerbrochen werden. **34** Nur das ist Sozialismus, nur so kann Sozialismus gemacht werden.

35 Und wie ist die äußere Form des Kampfes um den Sozialismus? **36** Es ist der Streik, und deshalb haben wir gesehen, daß die ökonomische Phase der Entwicklung jetzt in der zweiten Periode der Revolution in den Vordergrund getreten ist. (…)

37 Die Arbeiterräte sollen alle Macht im Staate haben. **38** Nach dieser Richtung haben wir in der nächsten Zeit zu arbeiten, und daraus ergibt sich auch, wenn wir uns diese Aufgabe stellen, daß wir mit einer kolossalen Verschärfung des Kampfes in der nächsten Zeit zu rechnen haben. **39** Denn hier gilt es, Schritt um Schritt, Brust an Brust zu kämpfen in jedem Staat, in jeder Stadt, in jedem Dorf, in jeder Gemeinde, um alle Machtmittel des Staates, die der Bourgeoisie Stück um Stück entrissen werden müssen, den Arbeiter- und Soldatenräten zu übertragen.

40 Dazu müssen aber auch unsere Parteigenossen, dazu müssen die Proletarier erst geschult werden. **41** Auch dort, wo Arbeiter- und Soldatenräte bestehen, fehlt noch das Bewußtsein dafür, wozu die Arbeiter- und Soldatenräte berufen sind. **42** Wir müssen die Massen erst darin schulen, daß der Arbeiter- und Soldatenrat der Hebel der Staatsmaschinerie nach allen Richtungen hin sein soll, daß er jede Gewalt übernehmen muß und sie alle in dasselbe Fahrwasser der sozialistischen Umwälzung leiten muß. **43** Davon sind auch noch diejenigen Arbeitermassen, die schon in den Arbeiter- und Soldatenräten organisiert sind, meilenweit entfernt, ausgenommen natürlich einzelne kleinere Minderheiten von Proletariern, die sich ihrer Aufgabe klar bewußt sind. **44** Aber das ist nicht ein Mangel, sondern das ist gerade das Normale. **45** Die Masse muß, indem sie Macht ausübt, lernen, Macht auszuüben. **46** Es gibt kein anderes Mittel, ihr das beizubringen. **47** Wir sind nämlich zum Glück über die Zeit hinaus, wo es hieß, das Proletariat sozialistisch schulen. (…) **48** Die proletarischen Massen (…) werden geschult, indem sie zur Tat greifen. (…)

49 Was jetzt zu machen ist, ist, mit vollem Bewußtsein die gesamte Kraft des Proletariats auf die Grundfesten der kapitalistischen Gesellschaft zu richten. **50** Unten, wo der einzelne Unternehmer seinen Lohnsklaven gegenübersteht, unten, wo sämtliche ausführende Organe der politischen Klassenherrschaft gegenüber den Objekten dieser Herrschaft, den Massen stehen, dort müssen wir Schritt um Schritt den Herrschenden ihre Gewaltmittel entreißen und in unsere Hände bringen (…): je größer die Aufgabe, um so mehr werden wir alle Kräfte zusammenfassen; und wir vergessen nicht: die Revolution versteht ihre Werke mit ungeheurer Geschwindigkeit zu vollziehen. **51** Ich übernehme es nicht, zu prophezeien, wieviel Zeit dieser Prozeß braucht. **52** Wer rechnet von uns, wen kümmert das, wenn nur unser Leben dazu ausreicht, es dahin zu bringen! **53** Es kommt nur darauf an, daß wir klar und genau wissen, was zu tun ist; und was zu tun ist, hoffe ich mit meinen schwachen Kräften Ihnen einigermaßen in den Hauptzügen dargelegt zu haben.

Gegen Ende des 1. Weltkriegs war die Not leidende deutsche Bevölkerung – vor allem auch die Arbeiterschaft – nicht länger gewillt, die Kriegspolitik des autoritären Kaiserregimes mitzutragen. Am 3. November 1918 proben zunächst Matrosen in Kiel den Aufstand, erste Soldatenräte werden gebildet. In den darauf folgenden Tagen übernehmen in fast allen wichtigen deutschen Städten Arbeiter- und Soldatenräte die Macht. Prinz Max von Baden muss am 9. November als Reichskanzler zurücktreten, Friedrich Ebert von der SPD wird sein Nachfolger. Sein Parteigenosse Philipp Scheidemann ruft die Republik aus. Eine neue Regierung, der „Rat der Volksbeauftragten“, wird gebildet, dem auch der in der Rede erwähnte Hugo Haase von den radikaleren unabhängigen Sozialdemokraten (USPD) angehört.

Als Ebert, der im „Rat der Volksbeauftragten“ den Vorsitz hat, statt mit den Arbeiter- und Soldatenräten zusammenzuarbeiten, auf die alten kaiserlichen Machtstrukturen setzt (am 24. Dezember wird auf die aufständische Volksmarinedivision mit scharfer Munition geschossen), ist bei all jenen, die auf echte soziale Reformen gehofft hatten, die Enttäuschung groß. Karl Liebknecht und Rosa Luxemburg, die die Chance für einen radikal-sozialistischen Umbau der Gesellschaft gekommen sehen, gründen die Kommunistische Partei Deutschlands (KPD). Auf dem Gründungsparteitag vom 29. bis 31. Dezember 1918 in Berlin hält Rosa Luxemburg ihre letzte Rede. Am 15. Januar 1919 wird sie ermordet. Der hier abgedruckte Auszug beschränkt sich auf zentrale Passagen der Rede, in denen Luxemburgs Konzept einer Revolution von unten in seinen Grundzügen deutlich wird.

1 Analyse der Redetechnik

Die Redetechnik weicht hier erheblich von der aus der Lysias- oder der Hitler-Rede bekannten ab. Die in jenen Reden angewandten Überredungstechniken kommen kaum vor.

- ✘ Statt den Gegner zu isolieren (Isolierung des Gegners), isoliert Rosa Luxemburg ihre eigene Partei.
- ✘ Statt ihre Gegner persönlich anzugreifen (ad personam), entschuldigt sie deren Verhalten.
- ✘ Statt Selbstsicherheit vorzutäuschen (Vortäuschen von Selbstsicherheit), gesteht sie ihre körperliche Schwachheit ein.

1 Belegen Sie jeden dieser drei Punkte mit mindestens einer Textstelle aus der Rede. Lesen Sie den Text aufmerksam durch und machen Sie dabei entsprechende Notizen.

Nach Rosa Luxemburg könne der Sozialismus letztlich nur von unten – durch Arbeitskämpfe in den Betrieben – verwirklicht werden. Es sei eine Illusion zu glauben, der Sozialismus könne durch Dekrete gemacht werden.

2 Heute, mehr als 80 Jahre später, ist der Sozialismus noch immer nicht verwirklicht worden. Kann man deshalb sagen, Rosa Luxemburg habe sich mit ihren Aussagen geirrt? Schreiben Sie Ihre Meinung auf die Zeilen. Denken Sie bei Ihren Überlegungen an die Entwicklung der sozialistischen Länder in den letzten Jahrzehnten. Ein Tipp: Die Notizen zu dieser Übung können Sie für den Schluss Ihrer Analyse der Redetechnik gut verwenden.

Versuchen Sie jetzt eine komplette Analyse der Redetechnik zu formulieren. Lesen Sie erst danach den folgenden Lösungsvorschlag.

2 Aufsatzbeispiel zur Analyse der Redetechnik

Redeziel

Rosa Luxemburg verfolgt mit ihrer Kampfrede das Ziel, die Proletarier zu einer Ausweitung ihrer Streiks zu ermutigen. Der Sozialismus könne letztlich nicht auf parlamentarischem Weg verwirklicht werden, sondern allein von unten: Die Arbeiter in den einzelnen Betrieben müssten alles daran setzen, ihre Unternehmer zu enteignen, um die Machtmittel der Gesellschaft in ihre Hände zu bekommen.

Argumentation

Erzeugung eines Wir-Gefühls

Um ihr Ziel zu erreichen, bedient sich Luxemburg nur selten der üblichen Überredungstechniken. Am auffälligsten ist der Versuch, ihre Zuhörer durch das Erzeugen eines Wir-Gefühls (vgl. 2f., 13, 16 und öfter) zu gewinnen. Insgesamt gesehen spielen die sonst häufig angewendeten Überredungsmittel nur eine untergeordnete Rolle.

Isolierung der eigenen Partei

Gleich zu Beginn der Rede isoliert Luxemburg nicht etwa ihren Gegner; das Gegenteil ist der Fall: Durch die Bemerkung, sie sei stolz auf die Gründung der „einzigen revolutionären sozialistischen Partei des deutschen Proletariats" (1), isoliert sie ihre eigene Partei.

Verhalten des Gegners wird entschuldigt

Ebert und Scheidemann hätte sie persönlich angreifen können (ad personam), stattdessen aber entschuldigt sie deren Verhalten mit dem Hinweis, die beiden würden „durch die Verhältnisse dahin gestoßen" (17) werden, „zur Diktatur (...) zu greifen" (ebenda). Auch ihre Kritik an der SPD und den freien Gewerkschaften (vgl. 7) verbindet sie nicht mit persönlichen Schuldzuweisungen. Sie betont, dass sich alle Beteiligten Illusionen gemacht hätten. An erster Stelle nennt sie die Proletarier (vgl. 8 – 12). Wichtig in diesem Zusammenhang ist Luxemburgs Forderung nach Selbstkritik (vgl. 2), die bereits zu Beginn des vorliegenden Textes zum Ausdruck kommt.

Die Rednerin prophezeit „eine viel verschärftere Auseinandersetzung, viel heftigere Klassenkämpfe" (18) und rechnet „mit einer kolossalen Verschärfung des Kampfes in der nächsten Zeit" (38). Aber statt ihren Kampfgenossen durch das Vortäuschen von Selbstsicherheit und Stärke Mut zu machen, räumt sie ein, sie selbst sei nur mit„schwachen Kräften" (53) ausgestattet.

Eingestehen eigener Schwäche

Warum aber kann Rosa Luxemburg dennoch hoffen Gehör zu finden? Offenbar rechnet sie mit einem scheinbar paradoxen Verhalten ihrer Kampfgenossen: Damit, dass sich deren Kampfbereitschaft erhöht, wenn sie über die Härte der zu erwartenden Auseinandersetzungen Bescheid wissen. Wer dazu bereit ist, fast aussichtslose Kämpfe auf sich zu nehmen und möglicherweise dabei umzukommen, kommt schnell in den Ruf ein Märtyrer zu sein. Rosa Luxemburg rechnet bei ihren Zuhörern offenbar mit dieser Märtyrergesinnung.

Darstellung des eigenen Standpunkts als vernünftig

Das bedeutet jedoch nicht, dass Luxemburg den bevorstehenden Kampf als unvernünftig und von vornherein aussichtslos hinstellen würde. Im Gegenteil: Es geht ihr gerade um den Nachweis, dass sich das Proletariat bislang Illusionen hingegeben habe und nun endlich zur Vernunft kommen müsse. Es müsse sich seiner Aufgabe, den Machtkampf in den Betrieben zu entscheiden, endlich klar bewusst werden.

Schlüsselwörter

Das Schlüsselwort „Illusion" (vgl. 8 – 12, 14, 18, 30) ist negativ besetzt. Begriffe wie „bewusst" (43), „Bewusstsein" (19, 41, 49), „wissen" (21, 53) oder „klar" (24, 43, 53) hingegen sind positiv.

Einerseits versucht Luxemburg somit dadurch zu überreden, dass sie den von ihr propagierten Arbeitskampf trotz allem als vernünftig darstellt. Andererseits will sie ihre Zuhörer dadurch gewinnen, dass sie die sozialistische Umwälzung als natürlichen Wachstums- oder Entwicklungsprozess hinstellt. Von den Streiks heißt es, dass sie „sich mehr und mehr auswachsen" müssen (24); die Revolution habe –

gleich einem lebendigen Geschöpf – ein „Wesen" (ebenda). Sie entwickle sich in mehreren Phasen und an ihrem Ende stehe der Sozialismus. „Entwicklung" (1f., 16, 18, 36) ist ebenfalls ein Schlüsselwort des Textes. Die zugrunde liegende Redetechnik lässt sich so beschreiben: Der eigene Standpunkt wird als natürlich dargestellt.

Darstellung des eigenen Standpunkts als natürlich

Zusammenfassung

Zusammenfassend kann man festhalten: Die sozialistische Revolution vollzieht sich nach Rosa Luxemburg einerseits als gleichsam biologischer Prozess, andererseits durch den bewusst geführten Kampf der Proletarier gegen die Unternehmer. Dieser Kampf verlange Opferbereitschaft.

Fazit

Versucht man zu Luxemburgs Theorie einer Revolution von unten heute kritisch Stellung zu nehmen, so wird man ihr zumindest insofern Recht geben müssen, als sich gezeigt hat, dass die Revolution von oben versagt hat. Der Sozialismus in den Ostblockländern war ein Sozialismus durch Dekrete von oben. Es hat sich gezeigt, dass er auf Dauer nicht funktionieren konnte, weil ihn die Menschen ablehnten. Insofern muss man Rosa Luxemburg Recht geben. Es ist denkbar, dass der Sozialismus umgekehrt funktionieren könnte, nämlich dann, wenn er wirklich von den Lohnabhängigen in ihrer Mehrheit ausginge und getragen würde. Allein: Dieser Fall ist bis heute nicht eingetreten.

3 Analyse der Sprache

In der Lysias-Rede spielten Figuren der Wortfügung – besonders Antithesen – eine bedeutende Rolle. Auch in der Luxemburg-Rede kommen Figuren der Wortfügung vor, jedoch weitaus seltener.

3 Die folgenden Textstellen aus der Rede von Rosa Luxemburg enthalten Figuren der Wortfügung. Ordnen Sie den einzelnen Ausschnitten den entsprechenden Begriff aus dem Kästchen zu. Schreiben Sie die Lösungen auf die Zeilen.

Dreierfigur | Zweierfigur | Akkumulation | Wortdoppelung | Anapher | Synonymie

a) „ein neues Feuer, eine neue Flamme" (18)

____

b) „des Geleisteten, Geschaffenen und Versäumten" (2)

____

c) „Schmach und Verleugnung" (7)

____

d) „Nur das ist Sozialismus, nur so kann Sozialismus gemacht werden." (34)

____

e) „Brust an Brust" (18, 26, 39)

____

f) „und darin liegt das Anfängliche, das Unzulängliche, das Halbe und Bewußtlose dieser Revolution" (19)

____

Wichtiger als die Figuren der Wortfügung sind die verschiedenen sprachlichen Mittel, die die Sprache bildhaft und anschaulich machen. Dazu gehören **Figuren des Wortersatzes** und **Gedankenfiguren**. Figuren des Wortersatzes betreffen immer nur einzelne Wörter, die durch andere ersetzt wurden.

Die **Metapher** beispielsweise ist eine Figur des Wortersatzes. Als Metapher bezeichnet man einen Ausdruck, der den in einem bestimmten Kontext üblichen Ausdruck ersetzt und aus einem anderen Sachbereich stammt. Ein Beispiel aus Satz 13 der Rede:

> „(...) und wir haben erlebt, daß wir von dieser Selbsttäuschung geheilt wurden (...).“

Das Wort *geheilt* stammt aus dem Bereich der Medizin und ersetzt das übliche Wort *befreit*.

Gedankenfiguren – wie das folgende **Bild** aus Satz 10 – erstrecken sich hingegen auf mehrere Wörter:

> „(...) die proletarischen Massen im Zügel halten (...).“

Der Ausdruck *im Zügel halten* aus dem Bereich des Reitsports ersetzt die farbloseren Worte *ruhig halten*. Da auch die Gedankenfiguren Worte ersetzen, kann man sie ebenfalls als Figuren des Wortersatzes betrachten.

Halten wir fest: Stilfiguren aus mehreren Wörtern oder Wortgruppen, die durch ihren Klang oder ihre Bedeutung zueinander in Beziehung stehen, heißen **Figuren der Wortfügung**. Die Figuren der Wortfügung machen den Text für den Zuhörer dadurch eingängiger, dass sie ihn strukturieren.
Stilfiguren hingegen, die den in einem Kontext gewöhnlichen Ausdruck ersetzen, heißen **Figuren des Wortersatzes** oder **Tropen**. Sie machen den Text eingängiger, indem sie für Anschaulichkeit und Bildhaftigkeit sorgen.

4 In den folgenden Passagen treten folgende Figuren des Wortersatzes auf:

- **Bild** (aus mehreren Wörtern)
- **Metapher**
- **Pejorativum** (= Wort mit abwertendem Sinn)
- **Personifikation**
- **Vergleich**

Je eine dieser fünf Figuren finden Sie in den folgenden Textstellen. Ordnen Sie die Begriffe den kursiv gedruckten Wörtern zu und schreiben Sie die Lösungen auf die Zeilen.

a) „Es gibt eine bestimmte revolutionäre Methode, das Volk von seinen Illusionen zu *kurieren* (...).“ (14)

____

b) „[Die Umwälzung] war unbefangen, bewußtlos *wie ein Kind, das hinaustappt, ohne zu wissen wohin* (...).“ (21)

____

c) „(...) *die Revolution versteht* ihre Werke mit ungeheurer Geschwindigkeit zu vollziehen.“ (50)

____

d) „Dort, wo [die Proletarier] *an die Kette des Kapitals geschmiedet* sind, dort muß die *Kette zerbrochen* werden.“ (33)

____

e) „Unten, wo der einzelne Unternehmer seinen *Lohnsklaven* gegenübersteht (...).“ (50)

____

Versuchen Sie jetzt eine komplette Analyse der Sprache zu formulieren.
Lesen Sie erst danach den folgenden Lösungsvorschlag.

4 Aufsatzbeispiel zur Analyse der Sprache

Das wichtigste sprachliche Stilmerkmal der Rede von Rosa Luxemburg ist die Bildhaftigkeit. Diese wird durch Figuren des Wortersatzes hervorgerufen.

Metaphern

Personifikationen

Dabei spielen Metaphern wie „Erziehungsschule" (7) statt „Schulung", „geheilt" (13) statt „befreit„, „kurieren" (14) statt „befreien„ sowie Personifikationen („die sozialistische Revolution werde erdrosseln können" in Satz 10; „die Revolution versteht ihre Werke mit ungeheurer Geschwindigkeit zu vollziehen" in Satz 50) nur eine untergeordnete Rolle.

Bilder

Wichtiger sind die mehrere Wörter umfassenden Bilder: „die Illusion der Einigkeit unter dem Banner des sogenannten Sozialismus" (9), „die proletarischen Massen im Zügel halten" (10), „unter dem Schilde des ‚Sozialismus'" (13), um nur drei von zahlreichen Beispielen zu nennen.

Vergleich

Sehr anschaulich ist auch der Vergleich in Satz 21, wo es heißt: „(Die Umwälzung) war unbefangen, bewußtlos wie ein Kind, das hinaustappt, ohne zu wissen wohin".

Wortdoppelungen

Ebenso eindrücklich sind die Wortdoppelungen „Brust an Brust" (18, 26, 39), „Auge in Auge" (18), „Schritt um Schritt" (39, 50) sowie „Stück um Stück" (39).

Abstraktum statt Konkretum

Ein Gegengewicht zu diesen Mitteln der Bildhaftigkeit, die Luxemburgs Ausführungen sehr plastisch machen, schaffen die zahlreichen Abstrakta, die Konkreta ersetzen: „Kampf zwischen der Revolution und der Konterrevolution" (18), „Brust an Brust mit dem Kapitalismus" (26) oder „Gedankenlosigkeit freilich stellte sich den Gang anders vor" (28). Die häufige Verwendung abstrakter Begriffe macht die Rede zwar nicht veständlicher, befriedigt aber die intellektuellen Bedürfnisse der Zuhörer.

Schlüsselwörter

Überaus häufig auftretende Abstrakta wie „Revolution" (1ff. und öfter) oder „Sozialismus" (9, 13 und öfter) wirken als Schlüsselwörter aber auch auf die Gefühle des Publikums.

Anapher

Unter den Figuren der Wortfügung ist neben der bereits erwähnten Wortdoppelung die Anapher die wichtigste. Beispiele finden sich in Satz 34 („Nur das ist Sozialismus, nur so kann Sozialismus gemacht werden"), Satz 40 („Dazu müssen aber auch unsere Parteigenossen, dazu müssen die Proletarier erst geschult werden") oder Satz 50 („Unten, wo der einzelne Unternehmer seinen Lohnsklaven gegenübersteht, unten, wo sämtliche ...").

Epiphern

Auch Epiphern kommen vor. In Satz 25 heißt es: „Das ist dann eine ökonomische Revolution und damit wird sie eine sozialistische Revolution".
Die Sätze 32 bis 34 enden alle mit der Epipher „werden".

Dreierfigur / Zweierfigur

Eine Dreierfigur ist in Satz 2 zu finden („des Geleisteten, Geschaffenen und Versäumten"), eine Zweierfigur in Satz 7 („Schmach und Verleugnung").

Synonymie / Akkumulation

In Satz 18 taucht eine Synonymie auf („Feuer, eine neue Flamme"), während in Satz 19 eine Akkumulation („und darin liegt das Anfängliche, das Unzulängliche, das Halbe und Bewußtlose dieser Revolution") erkennbar ist.

Wiederholungen

Die Textstrukturierung erfolgt allerdings nur zum Teil durch definierte Stilfiguren. Auch die vielfältigen Wiederholungen von Worten oder Wortgruppen strukturieren die Rede und erleichtern damit die Verständlichkeit.
Es sei hier nur auf die Sätze 29 bis 34 verwiesen: Das Wort „Regierung" kommt allein in diesem Abschnitt dreimal vor, „sozialistisch" zweimal und „Sozialismus" sogar fünfmal.

rhetorische Fragen

Eine Untersuchung der in der Rede verwendeten Satztypen zeigt, dass rhetorische Fragen (vgl. 16, 35, 52) häufig vorkommen. Mit ihrer Hilfe versucht die Rednerin, ihre Genossen aus der Zuhörerposition zu reißen und in eine Art direkten Dialog zu verwickeln.

Der schematische Überblick über die wichtigsten Analysepunkte zu Redetechnik und Sprache des Textes von Rosa Luxemburg sieht so aus:

Redeziel:
Ausweitung der Streiks durch die Arbeiter bis hin zur Enteignung der Unternehmer

Überredungstechniken

- Erzeugen eines Wir-Gefühls
- Darstellung des eigenen Standpunkts als vernünftig
- Darstellung des eigenen Standpunkts als natürlich

Sprachliche Mittel im Dienst von Überredungstechniken

- Schlüsselwörter

Sonstige sprachliche Mittel

- Semantische Figuren der Wortfügung:
  Dreierfigur · Zweierfigur · Synonymie · Akkumulation · Wiederholung
- Akustische Figuren der Wortfügung:
  Wortdoppelung · Anapher
- Figuren des Wortersatzes:
  Metapher · Personifikation · Bild · Vergleich · Wortdoppelung · Abstraktum statt Konkretum · Schlüsselwörter
- Satztypen:
  · rhetorische Frage

5 Lösungen zu den Aufgaben

1 Mit der Feststellung in Satz 1, es handle sich beim Parteitag um den „Parteitag der einzigen revolutionären sozialistischen Partei des deutschen Proletariats", isoliert Rosa Luxemburg ihre Partei.
Die zweite Behauptung lässt sich mit Satz 17 belegen: Ebert und Scheidemann würden nicht aus eigenem Antrieb zur Diktatur greifen, sondern „durch die Verhältnisse dahin gestoßen". Luxemburg macht ihnen also keinen persönlichen Vorwurf.
Ihre eigene Schwachheit gesteht Luxemburg in Satz 53 ein: Sie sei nur mit „schwachen Kräften" ausgestattet.

2 Der Sozialismus in den Ostblockländern war ein Sozialismus durch Dekrete von oben. Es hat sich gezeigt, dass er auf Dauer nicht funktionieren konnte, weil ihn die Menschen ablehnten. Insofern muss man Rosa Luxemburg Recht geben. Es ist denkbar, dass der Sozialismus umgekehrt funktionieren könnte, nämlich dann, wenn er wirklich von den Lohnabhängigen in ihrer Mehrheit ausginge und getragen würde. Allein: Dieser Fall ist bis heute nicht eingetreten.

3 a) Synonymie – b) Dreierfigur – c) Zweierfigur – d) Anapher – e) Wortdoppelung – f) Akkumulation

4 a) Metapher – b) Vergleich – c) Personifikation – d) Bild – e) Pejorativum

E Walter Jens: *Nachdenken über Deutschland*

1 „Wie jegliches Ding sein Gleichnis liebt, so liebt der Deutsche die Wolken und alles, was unklar, werdend, federnd und feucht ist: das Ungewisse, das Unausgestaltete, Sich-Verschiebende, Wachsende jeder Art fühlt er als ‚tief'."

2 Mit der Ratio, fügen wir hinzu, steht er auf Kriegsfuß, der Deutsche, wenn er dafür plädiert, daß wir endlich wieder eine „normale" Nation werden müßten, und dabei nicht bemerkt, wie er, die Ideen von 1914 gegen die Menschheitsträume von 1789 ausspielend, sich wiederum auf einen Sonderweg begibt, der ihn aus jenem *europäischen Verband* herauslöst, dem von Schiller, Kant und Novalis bis hin zu den Verschwörern des Kreisauer Kreises und der Weißen Rose die Hoffnungen der Intelligenz galten – der vorausblickenden und nicht der nur rückwärtsgewandten. (…)

3 Die Linke, mit ihrer *littérature engagée*, heißt die Devise, habe lange genug das Sagen gehabt – nun aber, nach dem Ende des real existierenden Sozialismus, möge sie schweigen – und kein Wort mehr vom Sozialismus!
4 *Kein Wort mehr vom Sozialismus*: haben wir richtig gehört? **5** Vom real existierenden – selbstverständlich: der war nicht erst 1989 oder seit Beginn der Gorbatschow-Ära, sondern bereits 1920 erledigt, als Lenin über Rosa Luxemburgs Kritik an der Russischen Revolution zur Tagesordnung überging.
6 Aber der demokratische, auf eine Erweiterung des liberalen Rechtsstaats im Sinne des Einklagens von Teilhaberrechten abzielende Sozialismus: so wie ihn einst libertäre Bürger, von Virchow bis Einstein, ja, bis Bruno Kreisky beschworen (und die Anwälte der kirchlichen Soziallehre – Nell Breuning und seine

Schule! – taten's ohnehin) *dieser* Sozialismus sollte ein für allemal erledigt sein? **7** Und mit ihm auch jener unvergeßliche Satz, den Otto Wels bei der Debatte über das Ermächtigungsgesetz der Nationasozialisten gesagt hat:
8 „Wir deutschen Sozialdemokraten bekennen uns in dieser geschichtlichen Stunde zu den Grundsätzen der Menschlichkeit und der Gerechtigkeit, der Freiheit und des Sozialismus! **9** Kein Ermächtigungsgesetz gibt Ihnen die Macht, Ideen, die unzerstörbar sind, zu vernichten."

10 Nein, der Sozialismus als integratives Moment des bürgerlichen Rechtsstaats ist nicht gescheitert: so wenig wie das Christentum, dessen jesuanische Prophetie keine Inquisition und kein noch so autoritär regierender Papst aus der Welt schaffen kann – auch dann nicht, wenn man, wie geschehen, mit den Wörtern Sozialismus und Christentum die Vokabel *Utopie* indiziert: nicht bedenkend, dass Utopie keine Heilslehre ist und schon gar keine Wissenschaft, sondern ein wohlbedachter Entwurf liberaler, konservativer, sozialistischer oder religiöser Prägung, der, mit Max Weber, seine Kraft aus dem Gedanken gewinnt, daß, wer nicht zum Unmöglichen greift, auch das Mögliche verfehlt.
11 Ich denke, dieser Satz gilt noch (...).

12 Höflichkeit und Toleranz, Hospitalität, wie sie Kant als oberstes Weltbürgerrecht definierte, Geselligkeit, Verzicht auf Fanatismus in einem Land, das sich als Republik verstehen sollte und nicht als ethnisch homogene Nation, als *res publica* also, deren erstes Ziel der Schutz der Menschenrechte ist – ich weiß, das alles klingt im Zeichen des wiedererwachten Nationalismus, im Zeichen der Hakenkreuzschmierereien, der Fremdenfeindlichkeit und der teutonisch-krausen Bocksgesänge ein wenig weltabgewandt: die Gebote der Weltbürger Kant und Goethe bedenkend und nicht die Prophetien deutscher Trivialromantik. **13** Doch ist zu fragen, ob nicht eben jene kosmopolitischen Vorträume, die sich mit wahrem Patriotism (wie Kant sagte) vertragen, als

Konstituentien einer weltbürgerlich-urbanen *société civile* neu bedacht werden müssen: heimgeholt ins Hier und Jetzt – und dies mit Selbstbewußtsein und Gelassenheit.

14 In einem Augenblick, da schrille Parolen die Feuilletons, und nicht nur sie, beschäftigen, ist es nützlich, innezuhalten, sich umzuschauen und Helfer zu suchen, in der Aufklärung und unter jenen Verfolgten, die in finsteren Zeiten vor aller Welt zeigten, daß das Reich der völkischen Fremden-Feinde eins, die Republik der liberalen Bürger ein anderes ist.

Walter Jens gilt als einer der bedeutendsten Redner der Gegenwart. Von 1965 bis 1989 war er Rhetorikprofessor in Tübingen, danach bis 1997 Präsident der Akademie der Künste in Berlin.

In dieser am 12. Februar 1995 in der Semperoper Dresden gehaltenen Rede versucht Jens zunächst „die Befreiung Deutschlands vom Nationalsozialismus mit den Augen jener zu sehen, der Juden vor allem, die einen Blutzoll entrichten mußten“. Im weiteren Verlauf der Rede übt er Kritik daran, dass vor der Wiedervereinigung der beiden deutschen Staaten (1990) keine Verfassung – in der auch die besonderen Erfahrungen der Ostdeutschen Ausdruck gefunden hätten – ausgearbeitet und dem Volk zur Abstimmung vorgelegt worden ist. Schließlich beklagt er die antiaufklärerischen Tendenzen der jüngsten Zeit.

Da die Reden von Jens umfangreiches Vorwissen verlangen, wollen wir uns mit einem kurzen Auszug begnügen, an dem dennoch das für seine Reden Typische untersucht werden kann. Der Auszug beginnt mit einem Zitat des Philosophen Nietzsche, das Jens als Beleg dafür bringt, dass selbst der als antiaufklärerisch geltende Nietzsche die Vorliebe des Deutschen für Mystik (Form von Religiosität, in der der Mensch versucht, durch innere Versenkung sich mit dem Göttlichen zu verbinden) kritisiert.

1 Tipps und Aufgaben

Haben Sie alle Einzelheiten der Rede von Walter Jens verstanden? Vermutlich nicht. Aber keine Panik! Wir wollen zunächst zwei Dinge tun:

- ✗ Wir überlegen, was die Rede so schwer verständlich macht.
- ✗ Anschließend gehen wir der Frage nach, was der Redner mit der schweren Verständlichkeit wohl bezweckt.

1 Unterstreichen Sie erst einmal alle Stellen im Text, die Sie sprachlich oder inhaltlich nicht ganz verstanden haben.

Die schwere Verständlichkeit hängt offenbar sowohl mit der inhaltlichen als auch mit der sprachlichen Seite der Rede zusammen.

Die inhaltlichen Schwierigkeiten entstehen hauptsächlich durch Anspielungen. Der Redner nennt ein Stichwort – z. B. den Namen einer berühmten Persönlichkeit oder eine Jahreszahl – und der Zuhörer muss über den Inhalt Bescheid wissen, der sich hinter dem Stichwort verbirgt. Jens erwähnt in Satz 2 das Jahr 1914 – und der Zuhörer soll sich daran erinnern, dass der Ausbruch des Ersten Weltkriegs von einer Woge nationaler Begeisterung begleitet wurde.

Neben den offenen Anspielungen gibt es auch versteckte Anspielungen, die der Zuhörer nicht sofort als solche erkennt. Nicht jedem wird von vornherein klar sein, dass die *teutonischkrausen Bocksgesänge* eine Anspielung darstellen, sondern nur dem, der weiß, dass der Schriftsteller Botho Strauß einen Aufsatz mit dem Titel *Anschwellender Bocksgesang* geschrieben hat, in dem er die 68er Generation mit ihren linken sozialrevolutionären Ideen für den allgemeinen Werteverfall in der Gesellschaft mitverantwortlich macht.

2 Sehen Sie sich noch einmal die Stellen an, die Sie unterstrichen haben, weil Sie darin enthaltene Anspielungen inhaltlich nicht auflösen können. Ich behaupte mal: Wenn Sie auf nur zwei der folgenden sechs Wissensgebiete Experten wären, dann lösten sich die meisten inhaltlichen Probleme in Luft auf. Um welche Wissensbereiche handelt es sich? Kreuzen Sie zwei Punkte an.

a) Naturwissenschaft und Technik ❑

b) Handel und Verkehr ❑

c) Literatur und Philosophie ❑

d) Politik und Geschichte ❑

e) Bildende Kunst und Musik ❑

f) Umwelt und Natur ❑

Gehen wir die Anspielungen systematisch durch:

✘ Mit dem Jahr 1914 (Satz 2) spielt Jens auf den Ausbruch des Ersten Weltkriegs an, der von einer Woge nationaler Begeisterung begleitet wurde, mit dem Jahr 1789 auf die Französische Revolution mit ihrem Schlachtruf *Freiheit, Gleichheit, Brüderlichkeit*.

✘ Mit dem Namen Schillers (Satz 2) soll der Zuhörer vor allem das Fragment *Deutsche Größe* von 1795 verbinden, worin der Dichter den Gedanken niederlegt, die Deutschen hätten den Auftrag, für die anderen europäischen Staaten Lehrmeister in Sachen Vernunft und Moral zu sein. Im selben Jahr greift auch Kant den Europagedanken auf, und zwar in seiner Schrift *Zum ewigen Frieden*. Er verkündet darin seine Ideen zu einem Weltbürgerrecht. In dem Fragment *Die Christenheit oder Europa* beschwört schließlich auch Novalis Europa – Europa als Reich einer geeinten Christenheit.

✘ Das Stichwort *Kreisauer Kreis* (Satz 2) kennen Sie bereits aus der Info im Anschluss an die Hitler-Rede (Kapitel C in diesem Buch). Von der Widerstandsgruppe *Weiße Rose* haben Sie sicher schon gehört: Sie hat in verschiedenen Aktionen gegen die nationalsozialistische Willkürherrschaft gekämpft. Führende Mitglieder der Gruppe (u. a. Hans und Sophie Scholl) wurden 1943 hingerichtet.

✘ Gorbatschow (Satz 5) war von 1985 bis zur Auflösung der Sowjetunion 1991 Generalsekretär der Kommunistischen Partei der Sowjetunion (KPdSU) und in dieser Funktion der einflussreichste Mann im ganzen ehemals kommunistischen Ostblock. Er war an der Auflösung des real existierenden Sozialismus maßgeblich beteiligt. Rosa Luxemburg hingegen war Mitbegründerin des radikalsozialistischen Spartakusbundes sowie der Kommunistischen Partei Deutschlands (gegründet 1918). Sie war für ein basisdemokratisches Rätesystem und damit gegen das diktatorisch-zentralistische Regierungssystem Lenins, wie es sich im Anschluss an die Oktoberrevolution (1917) schon bald in der neu geschaffenen Sowjetunion etabliert hatte (siehe hierzu auch die Rede von Rosa Luxemburg in Kapitel D dieses Buches).

✘ In Satz 6 fällt der Name *Virchow*. Jens traut dem Publikum offenbar zu, dass es auch um den heftigen Widerstand weiß, den Rudolf Virchow – seines Zeichens Pathologe – als fortschrittlich Liberaler gegen die konservative Politik Bismarcks leistete. Und ebenso traut er ihm zu, um das soziale Engagement des Relativitätstheoretikers Albert Einstein zu wissen, der immer wieder betonte, dass nur durch eine Weltregierung der globale Friede gesichert werden könne. Auch die Vorstellungen von einer *sozialen Demokratie*, ja eines *demokratischen Sozialismus*, wie sie der Sozialdemokrat Bruno Kreisky (von 1970 bis 1983 österreichischer Bundeskanzler) vertreten hat, setzt Jens als bekannt voraus. Der Zuhörer soll außerdem die Soziallehre Nell Breunings kennen, der als Berater von Papst Pius XI. an der Formulierung der Sozial-Enzyklika von 1931 mitwirkte, in der eine Sozialbindung des Eigentums gefordert wurde.

- ✘ Durch das Ermächtigungsgesetz, das in Satz 7 erwähnt wird – und das Ihnen aus dem Geschichtsunterricht bekannt ist –, hat Hitler 1933 den Reichstag entmachtet und die gesamte politische Macht seiner nationalsozialistischen Regierung unterstellt. Begründet wurde dieser Schritt mit der miserablen wirtschaftlichen Lage. Nur die Sozialdemokratische Partei, der Wels angehörte, lehnte das Ermächtigungsgesetz mit Entschiedenheit ab.

- ✘ Der in Satz 10 erwähnte Max Weber (1864 – 1920) ist einer der wichtigsten Wegbereiter der modernen Soziologie.

Nicht nur mit inhaltlichen, sondern auch mit sprachlichen Mitteln sorgt Jens dafür, dass seine Rede nicht von jedem verstanden wird. Im Einzelnen können wir folgende Merkmale erkennen:

- ✘ **Hypotaxen:** komplizierte Schachtelsätze durch häufige Verwendung von Nebensätzen (Gegenteil von *Parataxen*, also übersichtlichen Satzgebilden, meist einfachen Hauptsätzen)

- ✘ **Nachklappende Nachsätze:** syntaktisch nicht notwendige Teilsätze im Anschluss an die eigentlichen Sätze

- ✘ **Fremdsprachige Wörter:** Wörter und Begriffe aus anderen Sprachen

- ✘ **Schwierige Fremdwörter**

- ✘ **Partizip Präsens Aktiv:** Partizipialkonstruktionen erschweren das Verständnis, wenn sie anstelle eines Nebensatzes stehen und ihre Sinnrichtung (modal, kausal) nicht ganz klar ist – aber auch, wenn sie vom Bezugswort abgetrennt sind.

3 Zur Beeinträchtigung der Verständlichkeit dient Jens offenbar ein schwieriger Satzbau. Welche drei der fünf soeben genannten sprachlichen Mittel betreffen den Satzbau? Schreiben Sie die Begriffe auf die Zeilen.

____

____

____

4 Nennen Sie für jedes der fünf genannten sprachlichen Mittel mindestens einen Textbeleg. Schreiben Sie Ihre Vorschläge auf die Zeilen.

____

____

____

____

____

5 Wir haben festgestellt: Jens sorgt sowohl auf inhaltlicher als auch auf sprachlicher Ebene dafür, dass ihn nicht jeder gleich versteht. Was aber könnte die Funktion der erschwerten Verständlichkeit sein? Schreiben Sie einige Überlegungen auf ein Blatt Papier.

6 Fremdsprachige Wörter und schwierige Fremdwörter erschweren die Verständlichkeit der Rede. Daneben gibt es noch andere Figuren des Wortersatzes:

- **Neologismus** (sprachliche Neubildung, Wortschöpfung)
- **Abstraktum statt Konkretum**
- **Pluralis Majestatis** (*wir* statt *ich* zur Bezeichnung der 1. Person Singular)

Benennen Sie für jede dieser drei Figuren mindestens ein Beispiel und machen Sie sich Gedanken zur Wirkungsweise.

____

____

____

7 Der Redeauszug enthält eine Reihe von Figuren der Wortfügung. Suchen Sie Belege für mindestens fünf verschiedene Figuren der Wortfügung. Schreiben Sie Ihre Vorschläge auf die Zeilen.

____

____

____

____

____

8 Der Redeauszug enthält eine Reihe von Schlüsselwörtern (z. B. *Sozialismus* oder *liberal*). Welche davon sind für Jens positiv, welche negativ besetzt? Welche Rückschlüsse lassen sich hinsichtlich Jens' politischer Haltung ziehen?

9 Die Rede dient – wie sich gezeigt hat – zumindest auch der Selbstdarstellung des Redners und dem intellektuellen Vergnügen der Zuhörer. Will der Redner wirklich nicht mehr? Gibt es nicht auch ein Redeziel, das Jens durch den Einsatz von Überredungstechniken bzw. stichhaltigen Argumenten zu erreichen versucht? Wenn nicht, dann liegt – streng genommen – keine Rede, sondern eine Ansprache (siehe oben S. 9f.) vor. Nehmen Sie dazu Stellung.

Der schematische Überblick über die wichtigsten Analysepunkte zur Rede von Walter Jens sieht so aus:

Redeziel:
Befriedigung des intellektuellen Vergnügens gebildeter Zuhörer – Selbstdarstellung des Redners

Überredungstechniken

- offene Anspielungen
- versteckte Anspielungen
- ad personam
- Wunschvorstellung als Tatsache hinstellen
- Nennung von Zeugen / Gewährsleuten
- Anführung von Zitaten

Sprachliche Mittel

- Semantische Figuren der Wortfügung:
  Antithese · Zweierfigur · Dreierfigur · Akkumulation
- Akustische Figuren der Wortfügung:
  Wortspiel · Wiederholung ganzer Sätze
- Figuren des Wortersatzes:
  fremdsprachige Wörter · schwierige Fremdwörter · Neologismen · Abstraktum statt Konkretum · Pluralis Majestatis · Schlüsselwörter
- Satzbau:
  Hypotaxe · nachklappender Nachsatz · Partizip Präsens Aktiv

2 Lösungen zu den Aufgaben

1 Freie Übung; hier sollen Sie nur die Textstellen markieren, die Sie nicht verstanden haben.

2 Sie sollten c) und d) angekreuzt haben.

3 Hypotaxe, nachklappender Nachsatz, Partizip Präsens Aktiv

4 Hypotaxe: Besonders hypotaktisch sind die Sätze 2, 6, 10, 12 und 13.
Nachklappende Nachsätze: „(…) der vorausblickenden und nicht der nur rückwärtsgewandten." (2); „(…) – und kein Wort mehr vom Sozialismus!" (3); „(…) der war nicht erst 1989 oder seit Beginn der Gorbatschow-Ära, sondern bereits 1920 erledigt, als Lenin über Rosa Luxemburgs Kritik an der Russischen Revolution zur Tagesordnung überging." (5); „(…) auch dann nicht, wenn man, wie geschehen, mit den Wörtern Sozialismus und Christentum die Vokabel *Utopie* indiziert: nicht bedenkend, dass Utopie keine Heilslehre ist und schon gar keine Wissenschaft, sondern ein wohlbedachter Entwurf liberaler, konservativer, sozialistischer oder religiöser Prägung, der, mit Max Weber, seine Kraft aus dem Gedanken gewinnt, daß, wer nicht zum Unmöglichen greift, auch das Mögliche verfehlt." (10, abgestufter Nachsatz); „(…) – ich weiß, das alles klingt im Zeichen des wiedererwachten Nationalismus, im Zeichen der Hakenkreuzschmierereien, der Fremdenfeindlichkeit und der teutonischkrausen Bocksgesänge ein wenig weltabgewandt: die Gebote der Weltbürger Kant und Goethe bedenkend und nicht die Prophetien deutscher Trivialromantik." (12, abgestufter Nachsatz); „(…) heimgeholt ins Hier und Jetzt – und dies mit Selbstbewußtsein und Gelassenheit." (13, abgestufter Nachsatz)
Fremdsprachige Wörter: „littérature engagée" (3); „res publica" (12); „société civile" (13)
Schwierige Fremdwörter: „Ratio" (2); „jesuanische" (10); „indiziert" (10); „Hospitalität" (12); „kosmopolitischen" (13); „Konstituentien" (13)
Partizip Präsens Aktiv: „ausspielend" (2); „abzielende" (6); „bedenkend" (10, 12)

5 Mögliche Antworten sind: Der Redner möchte seine Bildung zur Schau stellen. – Der Redner will die weniger gebildeten Zuhörer mit seiner Gelehrtheit einschüchtern. – Der Redner möchte diejenigen seiner Zuhörer, die seine Anspielungen verstehen, mit Stolz auf ihre Gelehrtheit erfüllen. – Der Redner möchte seinen gebildeten Zuhörern ein intellektuelles Vergnügen bereiten. – Der Redner will vertuschen, dass er nicht wirklich etwas zu sagen hat.

6 Beispiele für Neologismus: „teutonischkrausen" (12); „weltbürgerlich-urbanen" (13); „Fremden-Feinde" (14); die Neologismen wirken wie die übrigen Mittel, die die Verständlichkeit der Rede erschweren: Der Redner

will mit ihnen brillieren und den gebildeten Zuhörern ein intellektuelles Vergnügen verschaffen.
Beispiele für Abstraktum statt Konkretum: „Intelligenz" (2 statt: „Intellektuelle"); „Trivialromantik" (12 statt: „triviale Romane"); allein vom Abstraktum „Trivialromantik" dürfte eine Wirkung ausgehen, da „Intelligenz" auch sonst häufig die Bedeutung „Intellektuelle" hat. Der Zuhörer muss sich das Abstraktum „Trivialromantik" in „triviale Romane" übersetzen. Diese Übersetzung kann dem Zuhörer ein intellektuelles Vergnügen bereiten.
Beispiel für Pluralis Majestatis: „fügen wir hinzu" (2 statt: „füge ich hinzu"); interessanterweise spricht der Autor nur an dieser Stelle von sich selber in der 1. Person Plural. Während er durch „wir" seiner Aussage den Anschein von Objektivität zu geben versucht, gebraucht er „ich" (11, 12) offenbar, um eine Aussage als bloß subjektiv hinzustellen bzw. dann, wenn er sich seiner Sache nicht ganz sicher ist.

7 Wortspiel: „Unmöglichen (...) Mögliche" (10)
Wiederholung ganzer Sätze: „kein Wort mehr vom Sozialismus" (2 und 3)
Antithese: „vorausblickenden (...) rückwärtsgewandten" (2); „kosmopolitischen Vorträume (...) wahrem Patriotism" (13); „weltbürgerlich-urbanen *société civile* (...) heimgeholt ins Hier und Jetzt" (13); „das Reich der völkischen Fremden-Feinde (...) die Republik der liberalen Bürger" (14)
Zweierfigur: „Höflichkeit und Toleranz" (12); „Kant und Goethe" (12); „Selbstbewußtsein und Gelassenheit" (13)
Dreierfigur: „Schiller, Kant und Novalis" (2)
Akkumulation: „Höflichkeit und Toleranz, Hospitalität (...) Geselligkeit, Verzicht auf Fanatismus" (12)

8 Positiv besetzt sind für Jens die politischen Begriffe „Sozialismus" (3f., 6, 8, 10), „demokratisch" (6), „liberal" (6, 10, 14), „Rechtsstaat" (6, 10), „libertär" (6), „Bürger" (6, 14), „bürgerlich" (10), „konservativ" (10), „sozialistisch" (10) und „Patriotism" (13). Negativ besetzt sind hingegen die Begriffe „Nation" (2, 12), „Nationalismus" (12), „Reich" (14) und „völkisch" (14).
Die Tatsache, dass weit auseinander liegende Begriffe positiv besetzt sind, lässt auf eine sehr offene politische Haltung schließen. Jens wünscht sich wohl einen bürgerlich-liberalen Rechtsstaat mit sozialen Elementen, in dem aber auch ein gesunder Patriotismus herrscht. Nur den überzogenen Nationalismus des Dritten Reichs lehnt er ab.

9 Das Redeziel ergibt sich aus der Analyse der Schlüsselwörter. Begriffe wie „Nation" (2, 12), „Reich" (14) und „völkisch" (14) sind eindeutig negativ, Begriffe wie „Sozialismus" (3 und öfter), „liberal" (6, 10, 14), „Rechtsstaat" (6, 10) und „Bürger" (6, 14) hingegen positiv besetzt.
Demnach wäre Jens' Redeziel, seine Zuhörer dazu zu bewegen, dem Nationalismus abzuschwören und sich für einen bürgerlich-liberalen

Rechtsstaat mit sozialen Elementen einzusetzen. Im Dienst dieses Redeziels steht zumindest ein Teil der verwendeten Redetechniken. Dazu gehört die Überredungstechnik *ad personam* in Satz 2: Wer zur Nation zurückwolle, sei unvernünftig. Dem genannten Ziel dient auch die Redetechnik in Satz 10, die sich mit den Worten *Wunschvorstellung als Tatsache hinstellen* umschreiben lässt: „Nein, der Sozialismus als integratives Moment des bürgerlichen Rechtsstaats ist nicht gescheitert (...)".
Wie aber sind die Redetechniken *Nennung von Zeugen / Gewährsleuten* und *Anführung von Zitaten* (vgl. 1, 8f.) zu bewerten? Kann Jens wirklich glauben, er werde die nationalen Gefühle seiner Zuhörer zurückdrängen, wenn er sich auf Gewährsleute beruft wie Nietzsche (1), Schiller (2), Kant (2, 12), Novalis (2) oder Goethe (12), die durchaus auch national gedacht haben?
Erst recht problematisch ist Jens' Bekenntnis zum Patriotismus (13). Nach gängigem Sprachgebrauch ist Patriotismus ein Synonym für Nationalismus. Diese Beobachtungen lassen den Verdacht aufkommen, es gehe Jens im Grunde gar nicht um die Bekämpfung des Nationalismus, sondern eben doch nur darum, Zuhörererwartungen gerecht zu werden. Da Jens vermuten muss, einerseits politisch mehr links stehende, andererseits politisch mehr rechts stehende Zuhörer vor sich zu haben, ist er darauf bedacht, das Soziale und das Nationale gleichermaßen gelten zu lassen.
Dafür, dass Jens selbst nicht so recht hinter dem Antinationalismus zu stehen scheint, den zu propagieren er vorgibt, sprechen auch relativierende Bemerkungen wie: „Ich denke, dieser Satz gilt noch (...)" (11); „(...) ich weiß, das alles klingt im Zeichen des wiedererwachten Nationalismus (...) ein wenig weltabgewandt" (12). Ein Redner aber, der sich seiner Sache selbst nicht sicher ist, kann nicht erwarten, bei anderen Gehör zu finden.
Wie wenig Jens die politische Realität und damit auch die Möglichkeit, sie zu verändern, in Wirklichkeit interessiert, lässt sich gut an seinem Umgang mit dem Begriff „Sozialismus" aufzeigen. Entgegen dem gewöhnlichen Sprachgebrauch versteht er unter Sozialismus nicht etwa eine Gesellschaftsform, in der soziale Gerechtigkeit in radikaler Form (Abschaffung von Privateigentum) verwirklicht ist. Worauf er hinauswill, das ist „der demokratische, auf eine Erweiterung des liberalen Rechtsstaats im Sinne des Einklagens von Teilhaberrechten abzielende Sozialismus" (6), also nichts anderes als die soziale Marktwirtschaft. Warum verwendet Jens dann überhaupt den Ausdruck „Sozialismus"? Ganz einfach deshalb, weil das Wort „Sozialismus" (zumal es auch Otto Wels in seiner Rede verwendet hat; vgl. das Zitat in Satz 8) für ihn eine positive Bedeutung hat. Es geht Jens in erster Linie eben um Worte. Jens will das Wort „Sozialismus" retten, nicht aber den Sozialismus als politisches Programm.
Diese verschiedenen Beobachtungen legen den Schluss nahe, dass der Antinationalismus als Redeziel letztlich nur vorgeschoben ist. In Wirklichkeit handelt es sich bei der Rede um eine Art Ansprache, die sowohl das intellektuelle Vergnügen gebildeter Zuhörer als auch das Selbstdarstellungsbedürfnis des Redners befriedigen soll.

F Gerhard Schröder: *Parteitagsrede in Leipzig*

1 Liebe Genossinnen! **2** Liebe Genossen! **3** Liebe Freundinnen! **4** Liebe Freunde! **5** Und vor allen Dingen, lieber Helmut Schmidt![1]
6 Wir wenden uns an die Bürgerinnen und Bürger und sagen ihnen: **7** Wir, die deutschen Sozialdemokraten, sind bereit, die Verantwortung für Deutschland und die Verantwortung für Deutschland in Europa zu übernehmen. **8** Wir Sozialdemokraten treten an, die Regierung des Stillstandes abzulösen. **9** Wir treten an, die notwendige Modernisierung menschlich zu gestalten. **10** Wir treten an, Innovation und Gerechtigkeit zusammenzuhalten und nicht auseinandertreiben zu lassen. **11** Wir laden alle dazu ein, dieses Werk mit uns in Angriff zu nehmen – auch und ausdrücklich diejenigen, die nicht schon aus Tradition bei uns sind. **12** Wir bündeln die Kraft des Neuen.

13 Helmut Kohl[2] – das wollen wir einräumen – soll seinen Platz in den Geschichtsbüchern haben. **14** Ich werde seine Verdienste, wo es sie gibt, im Wahlkampf nicht schmälern. **15** Aber ich sage ganz offen und deutlich:
16 Seine Zeit im Amt ist abgelaufen. **17** Nach seinen eigenen Maßstäben ist Helmut Kohl der Kanzler der Arbeitslosigkeit. **18** Er ist der Kanzler der leeren Kassen und der drückenden Schulden, der Kanzler der ungerechten Verteilung, jener, der die soziale Marktwirtschaft zerrissen und das Soziale verdrängt hat. **19** Helmut Kohl, das ist wahr, ist der Kanzler, der die staatliche Einheit vollziehen durfte, aber der die Gesellschaft gespalten hat. **20** Die Union, seine Partei, kuscht vor diesem Kanzler, aber sie folgt ihm nicht. **21** Wohin auch und wie denn? **22** Dem Stillstand kann man schließlich nicht folgen. **23** Was diese Regierung, liebe Genossinnen und Genossen, uns als Stabilität verkaufen will, ist nichts weiter als Erstarrung, als Stagnation und als lähmender Pessimismus.

24 Ich will einen Wahlkampf führen, der die Menschen mitreißt, mitreißt zu einem Aufstand gegen die Alternativlosigkeit. **25** Ich will mit euch zusammen eine Politik machen, die in Deutschland wieder Hoffnung weckt. **26** Deutschland will Anschluß gewinnen an den Aufschwung, einen Aufschwung, der Europa erfaßt, weil unsere Freunde und Nachbarn neue Kraft aus neuen Konzepten gewonnen haben. **27** Das ist in England so, in Frankreich, in den anderen europäischen Staaten, und das wollen wir auch für Deutschland bewerkstelligen. **28** Diese neuen Konzepte, die Hoffnung geben, wollen auch die Menschen in Deutschland, und sie wollen sie von uns, den deutschen Sozialdemokraten. **29** Wir spüren, wieviel Hoffnung und wieviel Zutrauen wieder in die SPD, unsere SPD, gesetzt werden. **30** Schon das, liebe Genossinnen und Genossen, löst Blockaden auf, setzt neue Ideen frei und spornt an.
31 Deshalb sage ich: **32** Der nächste Aufschwung, der kommen wird, das wird schon unser Aufschwung sein. **33** Wir setzen auf den Optimismus der Menschen, nicht auf ihre Ängste. (...)

34 Die von der Kohl-Regierung mitverursachte Krise der Gesellschaft ist bei der Jugend angekommen. **35** Die neueste Shell-Studie belegt: **36** Die größte Angst vor der Arbeitslosigkeit haben schon die 14jährigen. **37** Wie erleben Jugendliche heute deutsche Politik? **38** Ich will es nicht verbergen. **39** Soweit ich mit Jugendlichen ins Gespräch gekommen bin, hat mich ihre Skepsis gegenüber den Parteien, aber auch – und das ist gefährlicher – gegenüber den politischen Institutionen im demokratischen Staat erschreckt. **40** Folgenloses Reden – das ist alles, was sie in der Ära Kohl von Politik kennengelernt haben. **41** Aber eines hat mich wieder zuversichtlich gestimmt: **42** Ihr Wertesystem dreht sich um das, was auch uns so wichtig ist: **43** Es geht um Ehrlichkeit, auch um Kompromißfähigkeit, vor allem aber um praktisches Tun. **44** Ganz besonders für die jungen Leute ist die kleine Tat viel wichtiger als die großen Worte. **45** Zusätzlich ermuntert mich das, was ich in England erleben durfte. **46** Unseren Freunden dort ist ein kraftvoller Zuwachs an jungen Parteimitgliedern gelungen. **47** Das

Durchschnittsalter liegt nun bei 43 Jahren. **48** Mehr als die Hälfte der Neumitglieder sind junge Frauen. **49** Die Kraft, die ich zum Beispiel in den neuen Jugendkulturen wahrnehme, und die Dynamik in diesem Bereich lassen mich den dringenden Wunsch an die gesamte Partei formulieren, sich weit intensiver als je zuvor auch der Jugend zu öffnen, die in diesen Bereichen zu Hause ist, und Jugend in ihrer ganzen Pluralität zu begreifen.

50 Ich möchte euch, soweit es um Jugend und Bildung geht, ein Zitat vorlesen. **51** Keine Angst, es wird das einzige bleiben. **52** Es heißt dort: **53** „Ohne Verstärkung der geistigen Investitionen muß Deutschland gegenüber anderen Kulturindustrieländern zurückfallen. **54** Das aber hieße, daß wir nicht nur den wirtschaftlichen Fortschritt und Wohlstand, sondern auch die soziale Sicherheit aufs Spiel setzen". **55** Dies hat nicht Peter Glotz[3], sondern Ludwig Erhard[4] gesagt, also kein Bildungspolitiker, sondern ein Kanzler der Bundesrepublik Deutschland, und zwar ein konservativer. (...)

56 Seit August Bebel[5] und den Arbeiterbildungsvereinen wissen wir Sozialdemokraten: **57** Das Bildungssystem verteilt die Arbeits- und damit die Lebenschancen. **58** Aus eigener Erfahrung weiß ich sehr wohl, daß das so ist.
59 Deshalb möchte ich ganz persönlich sagen, daß mir das Motiv der Chancengleichheit nicht nur ein abstraktes Anliegen ist, sondern eines, das mich mein Leben lang begleitet hat und das ich auch als Auftrag für andere begreife.
60 Gerade weil ich Bildung als Privileg für mich selbst begriffen habe, möchte ich, daß Chancengleichheit kein Fremdwort für die sozial Schwächeren bleibt, möchte ich nicht, liebe Genossinnen und Genossen, daß die Chance auf Bildung abhängig gemacht wird vom Geldsack des Vaters oder der Eltern. (...)

61 Das, was ich zu den Reformnotwendigkeiten in der Bildung allgemein gesagt habe, gilt auch für die Hochschulen. **62** Sie laufen Gefahr, zu kollabieren.
63 Wir werden im nächsten Jahrzehnt eine Veränderung des deutschen

Hochschulsystems erleben, die nur mit den Reformen der 60er und 70er Jahre vergleichbar sein wird. **64** Wir sind auf dem Weg zu einem Hochschulsystem mit sehr viel mehr Wettbewerb, auch über die europäische Ebene hinaus.
65 Bei allem Zwang zur Kürze will ich wenigstens die Richtung andeuten.
66 Die Hochschulen sollen sich stärker spezialisieren und damit profilieren.
67 Ihre Entscheidungskompetenz gegenüber der staatlichen Bürokratie muß gestärkt werden. **68** Übrigens: Zukunft hat ein Hochschullehrer auf Zeit, nicht unbedingt auf Lebenszeit. **69** Die Anwendungs- und Berufsorientierung, die Ausrichtung auf Selbständigkeit und deren Unterstützung müssen erhöht werden. **70** Die Hochschulen sollen Anstöße liefern für Existenzgründer und Selbständige. **71** Wir werden das massiv fördern. (...)

72 Immer in der Krise waren wir es, liebe Genossinnen und Genossen, die deutschen Sozialdemokraten, von denen die Menschen Konzepte und Orientierung erhofften. **73** Das war bei Willy Brandt[6] so, das war bei Helmut Schmidt so, und das ist heute wieder so.
74 Die Zeiten sind erneut vorbei, in denen es so schien, als sei das Sozialdemokratische nicht machbar und das Machbare nicht sozialdemokratisch.
75 Das ist anders geworden, und das werden wir am 27. September mit unserem Wahlsieg allen zeigen. **76** Liebe Genossinnen und Genossen, helft mit dabei! **77** Miteinander können, miteinander werden wir es schaffen!
78 Ich danke euch für eure Aufmerksamkeit.

1 Der SPD-Politiker Helmut Schmidt war von 1974 bis1982 Bundeskanzler.
2 Der CDU-Politiker Helmut Kohl war von 1982 bis 1998 Bundeskanzler.
3 Peter Glotz war von 1994 bis 1996 forschungs- und bildungspolitischer Sprecher der SPD.
4 Der CDU-Politiker Ludwig Erhard war von 1963 bis 1966 Bundeskanzler.
5 August Bebel war Mitbegründer der sozialdemokratischen Arbeiterpartei (1869).
6 Der SPD-Politiker Willy Brandt war von 1969 bis 1974 Bundeskanzler.

Auf dem Sonderparteitag der SPD in Leipzig am 17. April 1998 wurde Gerhard Schröder zum Kanzlerkandidaten gewählt. In seiner zuvor gehaltenen Rede übt Schröder Kritik an der Regierung Kohl und umreißt sein politisches Programm für den Fall seiner Wahl zum Bundeskanzler. Er verspricht einen offensiven Kampf gegen die Arbeitslosigkeit, die Sicherung des sozialen Netzes, die Förderung technischer Innovationen zur Belebung der Wirtschaft und Steuerentlastungen für alle. Der Aufbau Ost werde für ihn „Chefsache" sein. Außerdem äußert er sich zur Umweltpolitik (Förderung des Dreiliterautos), zur inneren Sicherheit und zu Europa.
Der hier abgedruckte Redetext gibt Anfang und Schluss der Rede wieder sowie die Passage, in der Schröder auf seine Pläne im Bereich der Jugend- und Bildungspolitik zu sprechen kommt.

Versuchen Sie jetzt eine komplette Analyse der Rede von Gerhard Schröder zu formulieren. Lesen Sie erst danach den schematischen Überblick und den anschließenden Lösungsvorschlag.

1 Überblick über die wichtigsten Analysepunkte

Der schematische Überblick über die wichtigsten Analysepunkte zur Rede von Gerhard Schröder sieht so aus:

Redeziel: Schröders Wahl zum Kanzlerkandidaten sowie seine Wahl zum Bundeskanzler

Argumentationstechniken

- Anführung wissenschaftlicher Studien
- Anführung von Zitaten

Überredungstechniken

- Erzeugen eines Wir-Gefühls
- Demonstration persönlicher Stärke
- Wunschvorstellung als Tatsache hinstellen
- Übertreibung
- Verschleierung
- Versprechen, sich kurz zu fassen
- Tabuisierung

Sprachliche Mittel im Dienst von Überredungstechniken

- Anapher
- Anrede
- Schlüsselwörter

Sonstige sprachliche Mittel

- Semantische Figuren der Wortfügung:
  Antithese · Zweierfigur
- Akustische Figuren der Wortfügung:
  Anapher · Epipher · Anadiplose · lexikalischer Chiasmus · Wiederholungen
- Sonstige akustische Stilfiguren:
  Alliteration · Wortspiel
- Figuren der Wortstellung:
  Parallelismus
- Figuren des Wortersatzes:
  Schlüsselwörter · schlagwortartige Wendungen · bildhafte Ausdrücke
- Satzbau / Satztypen:
  Parataxe · Parenthese · rhetorische Frage

2 Komplettes Aufsatzbeispiel

Einleitung

In seiner Rede, gehalten auf dem Sonderparteitag der SPD in Leipzig am 17. April 1998, erörtert Gerhard Schröder sein politisches Programm für den Fall seiner Wahl zum Bundeskanzler am 27. September 1998. Schröder will außerdem von den Delegierten mit möglichst breiter Zustimmung zum Kanzlerkandidaten gewählt werden.
Der vorliegende Text enthält nur Anfang und Schluss der Rede sowie die Passage, in der sich Schröder zu seinen Plänen im Bereich der Jugend- und Bildungspolitik äußert.

Der Redetext besteht insgesamt aus drei Teilen: Satz 1 bis 33 bildet die Einleitung, Satz 34 bis 71 den Hauptteil und Satz 72 bis 78 den Schluss.

Inhaltsangabe Einleitung

In der Einleitung, die sich in vier Abschnitte untergliedern lässt, wendet sich Schröder nach Begrüßung der anwesenden Delegierten (1 – 5) im zweiten Abschnitt (6 – 12) an die Bundesbürger. Er bekräftigt den Willen der Sozialdemokraten zur Übernahme der Regierung, wirbt um Zustimmung unter Verweis auf die Leitideen sozialdemokratischer Politik und lädt zur Mitarbeit ein.
Im dritten Abschnitt (13 – 23) rechnet Schröder mit der Arbeit von Bundeskanzler Kohl ab. Er wirft ihm und seiner Regierung bei der Lösung drängender Probleme mangelnde Handlungsfähigkeit vor. Demgegenüber würden er und die Sozialdemokraten – darauf verweist Schröder im vierten Abschnitt der Einleitung (24 – 33) – mit neuen politischen Konzepten wieder Hoffnung und Optimismus verbreiten und den nächsten wirtschaftlichen Aufschwung herbeiführen.

Inhaltsangabe Hauptteil

Auch der Hauptteil lässt sich in vier Abschnitte untergliedern. In Satz 34 bis 49 weist Schröder darauf hin, dass schon die Jugendlichen vor allem vor drohender Arbeitslosigkeit Angst haben. Von Politikern erwarte-

ten sie sich jedoch kaum Lösungen für ihre Probleme, da ihrer Erfahrung nach deren Worten keine Taten folgten. Es gehe den jungen Leuten mithin um das Gleiche wie den Sozialdemokraten: um Ehrlichkeit, Kompromissfähigkeit und praktisches Tun. Ein Zuwachs an jungen Parteimitgliedern sei zu erwarten, wenn sich die Partei dieser Zielgruppe verstärkt zuwenden würde.
In Satz 50 bis 55 unterstreicht der Redner die Wichtigkeit von Investitionen in das Bildungswesen. Sie seien für wirtschaftlichen Fortschritt und soziale Sicherheit unerlässlich.
Im dritten Abschnitt (56 – 60) macht sich Schröder – um auch die sozial Schwächeren für seine Politik zu gewinnen – für die Chancengleichheit in der Bildung stark. Bildung dürfe nicht von der finanziellen Situation der Eltern abhängig sein.
In Satz 61 bis 71 schließlich skizziert Schröder seine Pläne in der Hochschulpolitik. Das Hochschulwesen werde sich grundlegend wandeln: Es werde mehr Wettbewerb geben und die Hochschulen werden sich stärker spezialisieren müssen. Zugleich würden sie mehr auf die berufliche Praxis ausgerichtet sein und insbesondere die Selbstständigkeit fördern. Die staatliche Einflussnahme werde zurückgehen.

Inhaltsangabe Schluss

Im Schlussteil der Rede (vgl. 72 – 78) versucht Schröder noch einmal ganz gezielt Optimismus zu verbreiten, indem er behauptet, die Menschen setzten gerade in krisenhaften Zeiten ihre Hoffnung auf die SPD. Er ruft zu gemeinsamem Handeln auf.

Analyse der Redetechnik / Redeziel

Schröder verfolgt mit seiner Rede das Ziel, von den Delegierten des Sonderparteitags mit möglichst großer Mehrheit zum Kanzlerkandidaten gewählt zu werden. Zugleich hat er aber auch die Bundesbürger im Auge, die ihn am 27. September 1998 zum Bundeskanzler wählen sollen.

Argumentation

Diese beiden Ziele versucht Schröder wenigstens im Ansatz durch eine fundierte Argumentation zu erreichen, die sich auf Belege stützt.

Anführung wissenschaftlicher Studien

So führt er beispielsweise die Shell-Studie an, um zu beweisen, dass bereits Jugendliche große Angst vor Arbeitslosigkeit haben (vgl. 35f.).

Anführung von Zitaten

Die zentrale Bedeutung der Bildung für den wirtschaftlichen Wohlstand und die soziale Sicherheit unterstreicht Schröder durch ein Zitat von Ludwig Erhard (vgl. 53f.).

Überleitung: Überredungstechniken

Vor allem aber versucht der Redner seine Zuhörer über die emotionale Ebene für sich zu gewinnen. Zu diesem Zweck bedient er sich einer Reihe von Überredungstechniken.

Erzeugen eines Wir-Gefühls

Sein wichtigstes Mittel der Überredung ist – vor allem im ersten Teil der Rede – das Erzeugen eines Wir-Gefühls. Auffallend häufig tritt das Personalpronomen „wir" (6 – 13, 27ff. und öfter) auf. Damit soll die Einheit zwischen Redner und Publikum beschworen werden. Man könnte annehmen, der häufigen Verwendung von „wir" stehe eine entsprechend seltene Verwendung von „ich" gegenüber und Schröder würde sich selbst zurücknehmen, um dem Wir-Gefühl nicht zu schaden. Genau das Gegenteil ist der Fall: Das Pronomen „ich" wird sehr häufig verwendet (vgl. 14f., 24f. und öfter) – nicht selten steht es sogar an betonter Spitzenstelle im Satz.

Vortäuschen von Selbstsicherheit

Es dient dem Vortäuschen von Selbstsicherheit. Warum der Redner diese Selbstsicherheit zeigen muss, lässt sich leicht erklären. Der Zuhörer wird die angebotene Wir-Gemeinschaft nur annehmen, wenn sie ihm die Verbindung mit einem Stärkeren verheißt. Im Bund mit einem Stärkeren fühlt sich der Zuhörer auch selbst stark. Einen besonders überzeugenden Beweis seiner persönlichen Stärke hofft Schröder mit dem Hinweis zu erbringen, er selbst stamme aus bescheidenen Verhältnissen (vgl. 58 – 60): Wer sich aus bescheidenen Verhältnissen emporzuarbeiten vermag, beweise Stärke. Schröder darf hoffen, durch diesen Hinweis gerade auch den „kleinen Mann" für sich zu gewinnen, da er sich mit ihm auf eine Stufe stellt.

Persönliche Stärke im weiteren Sinne kann auch in bestimmten Charaktereigenschaften zum Ausdruck kommen. So glaubt Schröder, vor allem Ehrlichkeit und Offenheit (vgl. 14f., 38) für sich in Anspruch nehmen zu müssen, wenn er mit seiner Rede Erfolg haben will. Ähnliches gilt für die Erwähnung der bisherigen Bundeskanzler Erhard (55), Brandt (73), Schmidt (5, 73) und Kohl (13, 17 und öfter).
Schröder stellt sich mit diesen Personen auf eine Stufe und spielt darauf an, nach den Wahlen im September Mitglied dieser Reihe zu werden.
Als gleichzeitige Abwertung des noch amtierenden Bundeskanzlers Kohl ist Schröders gönnerhaft-herablassende Art zu sehen, mit der er diesem „seinen Platz in den Geschichtsbüchern" (13) zugesteht.

Wunschvorstellung als Tatsache hinstellen

Ein drittes Merkmal für die Demonstration persönlicher Stärke ist der Versuch des Redners, Wunschvorstellungen als Tatsachen hinzustellen. Mögliche Ereignisse der Zukunft werden so dargestellt, als seien sie bereits eingetreten. Beispiele hierfür finden sich in Satz 16, 28, 75 und 77.

Überleitung

Neben den genannten Persuasionsmitteln, die die Rede in besonderem Maße prägen, verwendet Schröder noch eine Reihe weiterer Überredungstechniken.

Übertreibung

Immer wieder übertreibt er. Dazu gehört die Aussage, folgenloses Reden sei „alles", was die Jugendlichen in der Ära Kohl von Politik kennen gelernt hätten (vgl. 40). Weitere Beispiele finden sich in Satz 62 und 72.

Verschleierung

Wiederholt drückt sich Schröder bewusst vage, ja irreführend aus. Die Bemerkung, die Entscheidungskompetenz der Hochschulen müsste gegenüber der staatlichen Bürokratie gestärkt werden (67), suggeriert eine Ausweitung der Entscheidungsbefugnisse für Dozenten und Studenten. Zugleich aber steht für Schröder bereits fest, dass die Hochschulen stärker auf das Berufsleben vorbereiten sollen (vgl. 69 – 71). Wo aber bleibt Raum für die größere Entscheidungskompetenz von Dozenten und Studenten, wenn von vornherein feststeht, welche Entwicklung das Hochschulwesen nehmen wird?

Versprechen, sich kurz zu fassen

Um Ermüdungserscheinungen bei den Zuhörern vorzubeugen, verspricht Schröder gleich zweimal Kürze seines Vortrags (vgl. 51 und 65).

Tabuisierung

Betrachtet man die im Informationsteil zur Rede genannten Themen, so fällt auf, dass sich Schröder – trotz der zum Zeitpunkt der Rede gerade in den neuen Bundesländern aktuellen Ausländerfeindlichkeit – nicht zur Ausländerpolitik äußert. Offenbar fasst er dieses heiße Eisen bewusst nicht an. Er tabuisiert es aus gutem Grund: Hätte er sich offen für eine liberalere Ausländerpolitik ausgesprochen, dann hätte er sich Zuhörer mit rechter Gesinnung zu Feinden gemacht. Hätte er sich dagegen offen für eine restriktivere Ausländerpolitik ausgesprochen, dann hätte er seine linken Parteifreunde vor den Kopf gestoßen. Wie Schröder der nationalen Gesinnung dennoch seinen Tribut entrichtet – wenn auch indirekt –, wird sich noch zeigen.

Zusammenfassung

Zusammenfassend lässt sich festhalten, dass Schröder die Zuhörer vor allem durch das Erzeugen eines Wir-Gefühls und die Demonstration persönlicher Stärke an sich zu binden versucht.

Analyse der Sprache

Schon ein flüchtiger Blick auf die Rede zeigt, dass Schröder von sprachlichen Mitteln – vor allem von Figuren der Wortfügung und des Wortersatzes – regen Gebrauch macht. Das gilt insbesondere für den ersten Teil der Rede. Die Beobachtung bestätigt, was bereits bei Analyse der Redetechnik deutlich wurde: Der Redner versucht seine Zuhörer vor allem über die emotionale Ebene für sich zu gewinnen, also durch einen Appell an die Gefühle.

Einige der sprachlichen Mittel stehen unmittelbar im Dienst der behandelten Überredungstechniken. Das Wir-Gefühl wird vom Redner nicht nur – wie oben bereits erwähnt – durch die häufige Verwendung des Personalpronomens „wir" erzeugt, sondern auch durch die Verwendung dieses Pronomens als

Anaphern

Anapher (vgl. 6 – 12, 63f.). Auch die Anaphern „liebe" (1 – 5, 22 und öfter) und „miteinander" (vgl. 77: „Miteinander können, miteinander werden wir es schaffen!") zielen auf das Wir-Gefühl ab.

Anreden

Durch die zahlreichen Anreden (1 – 5 und öfter) versucht Schröder nicht nur, das Auditorium aus seiner Zuhörerposition zu reißen und in eine Art direkten Dialog zu verwickeln. Sie dienen vor allem der Stärkung des Wir-Gefühls.

Schlüsselwörter

Schlüsselwörter, die zum Bedeutungsfeld „Kraft / Stärke" gehören (vgl. „Kraft" in Satz 12, 26, 49; „kraftvoll" in Satz 46; „Verstärkung" in Satz 53; „stark" in Satz 66; „stärken" in Satz 67; „Dynamik" in Satz 49) stehen mehr oder weniger direkt im

Demonstration persönlicher Stärke

Dienst der Überredungstechnik „Demonstration persönlicher Stärke".

Antithesen

Unter den semantischen Figuren der Wortfügung ist die Antithese die wichtigste. In Satz 10 stehen sich beispielsweise „zusammenzuhalten" und „auseinandertreiben" gegenüber, in Satz 33 „Optimismus" und „Ängste", in Satz 44 „die kleine Tat" und „die großen Worte". Als antithetisches Stilmittel im weiteren Sinn kann man ebenso die zahlreichen „Ja ... aber-Konstruktionen" betrachten, zum Beispiel Satz 14 bis 16: „Ich werde seine Verdienste, wo es sie gibt, im Wahlkampf nicht schmälern. Aber ich sage ganz offen und deutlich: Seine Zeit im Amt ist abgelaufen". Weitere Beispiele sind in Satz 19f. sowie 40 bis 43 nachweisbar.

Zweierfiguren

Relativ häufig verwendet der Redner Zweierfiguren: „Innovation und Gerechtigkeit" (10), „auch und ausdrücklich" (11), „offen und deutlich" (15), „Freunde und Nachbarn" (26), „Jugend und Bildung" (50) sowie „Konzepte und Orientierung" (72).

Epipher (Symploke)

Unter den akustischen Figuren der Wortfügung ist die bereits behandelte Anapher die wichtigste. Auch die Verbindung von Anapher und Epipher (Symploke) kommt vor: „Das war bei Willy Brandt so, das war bei Helmut Schmidt so" (73).

Anadiplose

In Satz 24 findet sich eine Anadiplose: Das am Ende eines Teilsatzes stehende „mitreißt" tritt am Anfang des folgenden Teilsatzes erneut auf.

lexikalischer Chiasmus

Satz 74 enthält ein Beispiel für lexikalischen Chiasmus: „sozialdemokratisch" und „machbar" stehen zueinander in Überkreuzstellung.

Wiederholungen

Ein wichtigeres Mittel der Textstrukturierung als diese nur vereinzelt auftretenden Stilfiguren sind die zahlreichen freieren Wiederholungen. In Satz 7 tritt zweimal die Wortverbindung „Verantwortung für Deutschland" auf, in den Sätzen 17 bis 20 steht insgesamt fünfmal „Kanzler", in Satz 26 zweimal „Aufschwung" sowie in Satz 28 zweimal „wollen" – um nur einige Beispiele zu nennen.

Alliteration / Wortspiel

Als akustische Stilmittel unter der Wortebene seien Alliteration und Wortspiel genannt. Eine Alliteration ist beispielsweise „Modernisierung menschlich" (9) oder – noch wirkungsvoller – „Menschen mitreißt, mitreißt" (24). Wortspiele finden sich besonders in den Anreden, und zwar immer dann, wenn das Anredewort durch die Endung „-innen" variiert wird: „Liebe Freundinnen! Liebe Freunde!" (3f.), „liebe Genossinnen und Genossen" (23, 30, 72, 76). In Satz 68 steht ein Wortspiel anderer Art: „Zukunft hat ein Hochschullehrer auf Zeit, nicht unbedingt auf Lebenszeit".

Parallelismus

Als eindrückliche Figur der Wortstellung sei der Parallelismus in Satz 7 bis 11 erwähnt. Alle fünf Sätze beginnen nicht nur mit der Anapher „wir", sie fügen sich überdies in das Satzbauschema „Subjekt + Prädikat + Akkusativobjekt + Infinitiv" ein.

Sowohl die semantischen und akustischen Figuren der Wortfügung als auch die sonstigen akustischen Figuren sowie der Parallelismus sind Mittel der

Textstrukturierung. Durch ihren Einsatz verleiht der Redner seinen Worten Nachdruck. Die Rede wird eingängiger; das bedeutet, dass der Zuhörer Schröders Gedanken besser folgen und sie besser im Gedächtnis speichern kann.

Schlüsselwörter / schlagwortartige Wendungen

Die zahlreichen Schlüsselwörter und schlagwortartigen Wendungen sind nicht nur als die wichtigsten Figuren des Wortersatzes von besonderer Bedeutung. Da sie vereinzelt Argumente ersetzen und gleichzeitig als durchgängiges Prinzip der Rede gelten, sind sie mehr als jedes andere sprachliche Mittel für den unsachlichen und emotionalen Gesamtcharakter der Rede verantwortlich.
Wenngleich negativ besetzte Schlüsselwörter durchaus vorkommen, will Schröder primär durch die Verwendung positiver Schlüsselwörter der Rede einen zuversichtlich-optimistischen Ton geben, um die Zuhörer auf seine Seite zu ziehen.
Das wichtigste Schlüsselwort ist „deutsch" mit seiner Ableitung „Deutschland" (vgl. 7, 25 – 28, 37, 53, 55, 63, 72). Es wurde weiter oben in dieser Analyse schon erwähnt, dass Schröder die Ausländerpolitik in seiner Rede tabuisiert. Nun aber führt er sie offenbar durch die Hintertür wieder ein: Wenn auch nur indirekt, so zollt er der nationalen Gesinnung vieler seiner Zuhörer dennoch Tribut. Das zweitwichtigste Schlüsselwort ist „sozial" mit Ableitungen („Sozialdemokrat", „sozialdemokratisch"; vgl. 7f., 18, 28, 54, 56 und öfter). Der Redner appelliert somit vor allem an das Nationalgefühl und betont zugleich das Soziale. Er operiert dabei – unklar bleibt, ob bewusst oder unbewusst – ausgerechnet mit den beiden Begriffen, mit denen einst die Nationalsozialisten erfolgreich um die Wählergunst warben.

Soweit Schlüsselwörter negativ besetzt sind, kommen auch ihre positiven Gegenstücke vor. Begriffe wie „auseinandertreiben" (10), „zerreißen" (18) und „spalten" (19) kontrastieren mit „zusammenhalten" (10), „bündeln" (12), „Einheit" (19), „zusammen" (25) sowie „miteinander" (77f.) – mit Begriffen also, die im Zusammenhang stehen mit Schröders zentralem Anliegen, Konsens zu stiften. Zu „Stillstand" (8, 22), „Erstarrung" (23) und „Stagnation" (23) sind „Innovation" (10) und „Aufschwung" (26, 32) Gegenpole, die Zuversicht wecken sollen.

Längere schlagwortartige Wendungen dienen dazu, die fundierte Argumentation durch den unmittelbaren emotionalen Zugriff zu ersetzen. Einige Beispiele: „Regierung des Stillstandes" (8), „Kraft des Neuen" (12), „Kanzler der Arbeitslosigkeit" (17), „Kanzler der ungerechten Verteilung" (18).

bildhafte Ausdrücke

Schließlich wird der insgesamt sehr eingängige Redestil durch die gelegentliche Verwendung bildhafter Ausdrücke verstärkt. Ich will nur zwei Beispiele nennen: Nicht in der Geschichte, sondern „in den Geschichtsbüchern" (13) soll Helmut Kohl seinen Platz haben; nicht „das Einkommen" der Eltern, sondern ihr „Geldsack" (60) darf in Zukunft keinen Einfluss mehr auf die Bildungschancen der Jugend haben.

Satzbau

Zum Satzbau ist zu bemerken, dass Schröder die Parataxe bevorzugt, um gut verstanden zu werden. Zweimal verwendet er die Parenthese (13, 39), um seinen Worten besonderen Nachdruck zu geben. Ebenfalls zweimal versucht er das Auditorium durch rhetorische Fragen (21, 37) aus seiner passiven Zuhörerrolle zu locken.

Zusammenfassung

Zusammenfassend lässt sich festhalten, dass der Redner nicht nur von Überredungstechniken, sondern auch von sprachlichen Mitteln überaus regen Gebrauch macht, um seine Zuhörer über die emotionale Ebene für sich einzunehmen. Mit den häufigen Anreden wendet er sich direkt an seine Zuhörer und fördert damit das Wir-Gefühl. Den größten Einfluss auf den Gesamtcharakter der Rede haben zweifelsohne die zahlreichen Schlüsselwörter und schlagwortartigen Wendungen, die es dem Redner erlauben, auf eine fundierte Argumentationstechnik weitgehend zu verzichten.

Schluss / Fazit	Schröder versucht in dieser Parteitagsrede die Zuhörer nicht dadurch zu gewinnen, dass er ein durchdachtes und in sich stimmiges politisches Programm vorstellt, sondern dadurch, dass er zu aktuellen politischen Fragen die vom Durchschnittsbürger erwarteten Stichwörter liefert.

Argumentationstechniken

Anführung von Zitaten	Siehe das Beispiel in der Rede von Walter Jens, Seite 82: **1** „Wie jegliches Ding sein Gleichnis liebt, so liebt der Deutsche die Wolken und alles, was unklar, werdend, federnd und feucht ist: das Ungewisse, das Unausgestaltete, Sich-Verschiebende, Wachsende jeder Art fühlt er als ‚tief'."
Anführung wissenschaftlicher Studien	Siehe das Beispiel in der Rede von Gerhard Schröder, Seite 95: **35** „Die neueste Shell-Studie belegt:"
Nennung von Zeugen / Gewährsleuten	Siehe das Beispiel in der Rede von Walter Jens, Seite 83: **12** „(…) die Gebote der Weltbürger Kant und Goethe bedenkend (…)."

In echten Reden dienen auch die Argumentationstechniken subjektiven Zielen. Insofern unterscheiden sie sich in ihrer Funktion nicht wesentlich von den Überredungstechniken.

Überredungstechniken

Ablenkungsmanöver

Der Redner verlegt sich auf Aussagen, die zur Sache nichts beitragen, um von eigenen Fehlern abzulenken.
Siehe das Beispiel in der Rede von Lysias, Seite 14:
19 „Mein Vater hinterließ mir nichts, meine Mutter, die inzwischen gestorben ist, habe ich bis vor zwei Jahren mitversorgt."

ad personam

Der Redner greift seinen Gegner persönlich an und beschimpft ihn, anstatt sich zur Sache (ad rem) zu äußern.
Siehe das Beispiel in der Rede von Adolf Hitler, Seite 57:
6 „Eine ganz kleine Clique ehrgeiziger, gewissenloser und zugleich verbrecherischer, dummer Offiziere hat ein Komplott geschmiedet (...)."

Anspielung

Siehe die Anspielung auf Botho Strauß' Aufsatz mit dem Titel „Anschwellender Bocksgesang" in der Rede von Walter Jens, Seite 83:
12 „(...) – ich weiß, das alles klingt im Zeichen (...) der teutonischkrausen Bocksgesänge ein wenig weltabgewandt (...)."

Berufung auf höheren Willen

Diese Überredungstechnik wirkt nur, wenn die Zuhörer an das Walten eines höheren Willens (eines göttlichen Wesens) glauben.
Siehe das Beispiel in der Rede von Adolf Hitler, Seite 59:
33 „Ich ersehe daraus auch einen Fingerzeig der Vorsehung, daß ich mein Werk weiter fortführen muß und daher weiter fortführen werde!"

Bonmot

Witzig-geistreicher Ausspruch, der für Entspannung sorgt und die Zuhörer dadurch zur unkritischen Aufnahme der Rede verleitet.
Siehe das Beispiel in der Rede von Gerhard Schröder, Seite 94:
22 „Dem Stillstand kann man schließlich nicht folgen."

commiseratio

Bittendes Beschwören, durch das der Redner Mitleid zu erregen hofft.
Siehe die Sätze 25 bis 29 in der Rede von Lysias, Seite 14:
27 „Ihr standet doch bis jetzt in dem Ruf, sogar denen gegenüber voller Mitleid zu sein, die keineswegs in einer schlimmen Lage sind; so nehmt doch nicht jetzt, von diesem Mann hier veranlasst, diejenigen ungnädig auf, die selbst von ihren Feinden bemitleidet werden!"

Darstellung des eigenen Standpunkts als natürlich

Der Mensch neigt dazu, dem zu vertrauen, was ihm als natürlich, als wesensgemäß erscheint.
Siehe das Beispiel in der Rede von Rosa Luxemburg, Seite 67:
24 „Es liegt gerade in dem ganzen Wesen dieser Revolution, daß die Streiks sich mehr und mehr auswachsen, daß sie immer mehr zum Mittelpunkt, zur Hauptsache der Revolution werden müssen."

Darstellung des eigenen Standpunkts als vernünftig

Der Mensch neigt dazu, dem zu vertrauen, was ihm als vernünftig erscheint.
Siehe das Beispiel in der Rede von Rosa Luxemburg, Seite 67:
19 „Parteigenossen, es ist sehr charakteristisch für die erste Periode der Revolution, man kann sagen, bis zum 24. Dezember, die ich geschildert habe, daß sie – wir müssen uns das mit vollem Bewußtsein klarmachen – eine noch ausschließlich politische Revolution war; und darin liegt das Anfängliche, das Unzulängliche, das Halbe und Bewußtlose dieser Revolution."
„Bewusst" – also natürlich – ist für Luxemburg nur die „ökonomische Revolution", die durch Streiks herbeigeführt wird.

Erzeugen eines Wir-Gefühls

Siehe das Beispiel in der Rede von Adolf Hitler, Seite 59:
25 „Diesmal wird nun so abgerechnet, wie wir das als Nationalsozialisten gewohnt sind."

Gemeinplatz

Binsenweisheit, der man zwar zustimmen kann, die aber für den konkreten Fall keine Beweiskraft hat. Siehe das Beispiel in der Rede von Lysias, Seite 15:
31 „Denn ich glaube, Hoher Rat, dass alle Menschen, die irgendein Gebrechen haben, darüber nachdenken und philosophieren, wie sie Schmerzen vermeiden und sich so gut wie möglich mit dem Unglück, das ihnen widerfahren ist, arrangieren können."

Isolierung des Gegners

Erscheint der Gegner als Außenseiter, der keinen Rückhalt in der Gesellschaft hat, wird es kaum noch jemand wagen, für ihn Partei zu ergreifen – aus Angst, selbst ins Abseits zu geraten.
Siehe das Beispiel in der Rede von Lysias, Seite 17:
61 „Es soll Euch jetzt nicht dieser einzelne Mann davon überzeugen, mir wieder zu nehmen, was Ihr mir seit langem aus der Staatskasse gegeben habt."

Pauschalisierung

Unsachliche Verallgemeinerung; siehe das Beispiel in der Rede von Lysias, Seite 13:
4 „Denn aus keinem anderen Grund scheint dieser mir den Prozess beschert zu haben als aus Neid."

Schmeichelei

Ein Zuhörer, der sich geschmeichelt fühlt, ist weniger kritisch.
Siehe das Beispiel in der Rede von Lysias, Seite 14:
27 „Ihr standet doch bis jetzt in dem Ruf, sogar denen gegenüber voller Mitleid zu sein, die keineswegs in einer schlimmen Lage sind; so nehmt doch nicht jetzt, von diesem Mann hier veranlasst, diejenigen ungnädig auf, die selbst von ihren Feinden bemitleidet werden!"

Tabuisierung

Der Redner verschweigt wichtige Angaben, da ihr Bekanntwerden ihn belasten würde.
Siehe das Beispiel in der Rede von Lysias, Seite 14:
17 „Nun, ich glaube, dass Ihr alle über den Wohlstand, den mir mein Gewerbe bringt, Bescheid wisst und auch darüber, wie es mit meinem sonstigen Lebensunterhalt bestellt ist."

Über- / Untertreibung

Durch Überzeichnen der Realität macht der Redner bei seinen Zuhörern mehr Eindruck.
Siehe das Beispiel in der Rede von Lysias, Seite 14:
21 „Ich betreibe ein Gewerbe, das nur wenig Gewinn abzuwerfen vermag und mich inzwischen nahezu überfordert."

Verdrehung

Der Redner gibt vor, einen gegen ihn erhobenen Vorwurf zu widerlegen, wobei er ihn aber bewusst missversteht.
Siehe die Sätze 30 bis 38 in der Rede von Lysias, Seite 14f. Der Redner behauptet dort, seine finanzielle Situation erlaube es ihm nicht, sich ein Maultier zu kaufen; daher reite er auf Pferden anderer Leute. Der Ankläger hatte ihm aber grundsätzlich das Reiten vorgeworfen, was dem Redner trotz seiner Behinderung offensichtlich möglich ist.

Verschleierung

Der Redner drückt sich bewusst missverständlich aus, ohne aber direkt die Unwahrheit zu sagen.
Siehe das Beispiel in der Rede von Lysias, Seite 14:
23 „Darüber hinaus habe ich keine Einkünfte."

Versprechen, sich kurz zu fassen

Wer als Zuhörer einer Rede damit rechnen kann, dass seine Aufmerksamkeit nur kurze Zeit in Anspruch genommen wird, ist eher dazu bereit, konzentriert zuzuhören.
Siehe das Beispiel in der Rede von Lysias, Seite 13:
12 „Jetzt will ich mich so kurz wie möglich dazu äußern, worüber ich eigentlich sprechen muss."

Vortäuschen von Selbstlosigkeit

Wer glaubhaft macht, nicht sein eigenes Wohl, sondern das Allgemeinwohl im Auge zu haben, wird leichter Zustimmung finden.
Siehe das Beispiel in der Rede von Lysias, Seite 14:
28 „Und macht nicht andere, die sich in vergleichbarer Lage befinden, mutlos, indem Ihr Euch dazu hergebt, mir Unrecht zu tun!"

Vortäuschen von Selbstsicherheit

Wer vorgibt, sich seiner Sache ganz sicher zu sein, gewinnt leichter das Vertrauen der Zuhörer.
Siehe das Beispiel in der Rede von Lysias, Seite 13:
1 „Beinahe fühle ich mich meinem Ankläger zu Dank verpflichtet, Hoher Rat, weil er mir diesen Prozess beschert hat."

Wahrscheinlichkeitsbeweis

Beweis, der vom konkreten Fall absieht und sich stattdessen auf allgemeine Erfahrungen stützt.
Siehe das Beispiel in der Rede von Lysias, Seite 15:
41 „Denn es ist nicht wahrscheinlich, dass sich arme und allzu mittellose Menschen übermütig benehmen, sondern solche, die weit mehr als das Notwendige besitzen."

Wunschvorstellung als Tatsache hinstellen

Der Zuhörer neigt dazu, an eine Wunschvorstellung zu glauben, sobald sie als Realität hingestellt wird.
Siehe das Beispiel in der Rede von Walter Jens, Seite 83:
10 „Nein, der Sozialismus als integratives Moment des bürgerlichen Rechtsstaats ist nicht gescheitert (...)."

Figuren der Wortfügung

Semantische Figuren der Wortfügung

Antithese

Gegenüberstellung von Gegensätzen; die Antithese dient zur Textstrukturierung. Sie erfolgt durch semantische Gegensätze (= Gegensätze auf Bedeutungsebene). Strukturierte Aussagen sind gefälliger und eingängiger. Sie bleiben im Gedächtnis besser haften. Siehe das Beispiel in der Rede von Lysias, Seite 13:
9 „Denn ich bin der Meinung, Hoher Rat, man muss die Gebrechen des Körpers mit Hilfe von Verdiensten der Seele ausgleichen."

Figuren der Worthäufung

Die Figuren der Worthäufung dienen ebenfalls zur Textstrukturierung auf semantischer Ebene. Die zusammengestellten Wörter gehören in der Regel auch begrifflich zusammen. Zur Wirkungsweise: Die Begriffshäufungen verleihen den betroffenen Passagen Nachdruck; die Klimax verursacht zugleich eine gewisse Dramatisierung.

Akkumulation

Anhäufende Aufzählung; siehe das Beispiel in der Rede von Lysias, Seite 15:
39 „(...) übermütig, gewalttätig und maßlos unbeherrscht (...)."

Dreierfigur

Siehe das Beispiel in der Rede von Rosa Luxemburg, Seite 65:
2 „(...) eine nachdenkliche kritische Prüfung des Geleisteten, Geschaffenen und Versäumten vorzunehmen (...)."

enumeratio

Zusammenfassende Aufzählung (z. B. aller Argumente / Gegenargumente), besonders am Ende einer Rede; der Zuhörer wird noch einmal an wichtige Punkte erinnert, die besonders gut im Gedächtnis haften sollen.
Siehe das Beispiel in der Rede von Lysias, Seite 17:
63 „Weil einer irgendwann durch mich in einen Prozess geraten ist und sein Vermögen verloren hat? **64** Das könnte kein Einziger nachweisen. **65** Oder weil ich unternehmungslustig, zudringlich und streitsüchtig bin? 66 Aber für derartiges bietet mir

mein Lebensunterhalt nicht die Mittel. **67** Oder weil ich allzu übermütig und gewalttätig bin? **68** Das könnte nicht einmal der Ankläger selbst behaupten, wollte er nicht auch dies zu seinen übrigen Lügen hinzufügen. **69** Oder weil ich (...) viele Bürger schlecht behandelte? (...)"

Klimax

Steigernde Reihung; siehe das Beispiel in der Rede von Lsyias, Seite 16f.:
53f. „(...) meinen Kunden (...) allen anderen Kunden (...) allen Athern."

Synonymie

Reihung bedeutungsverwandter Begriffe; siehe das Beispiel in der Rede von Lysias, Seite 15:
31 „(...) nachdenken und philosophieren (...)."

Zweierfigur

Siehe das Beispiel in der Rede von Rosa Luxemburg, Seite 65:
7 „(...) Schmach und Verleugnung (...)."

Akustische Figuren der Wortfügung

Die akustischen Figuren der Wortfügung dienen ebenfalls zur Strukturierung einer Rede. Sie erfolgt jedoch nicht nur auf semantischer Ebene (Wiederholung von Wörtern / Wortverbindungen mit gleicher Bedeutung), sondern zugleich auf akustischer Ebene (Wiederholung gleich lautender Wörter / Wortverbindungen). Die betroffenen Passagen erhalten einen ganz besonderen Nachdruck.

Anadiplose

Wiederholung eines Wortes / einer Wortgruppe, die am Ende eines Satzes / Teilsatzes steht, zu Beginn des nachfolgenden Satzes / Teilsatzes; siehe das Beispiel in der Rede von Gerhard Schröder, Seite 95:
24 „Ich will einen Wahlkampf führen, der die Menschen mitreißt, mitreißt zu einem Aufstand gegen die Alternativlosigkeit."

Anapher

Wiederholung eines Wortes / einer Wortgruppe jeweils am Anfang aufeinander folgender Sätze / Teilsätze; siehe das Beispiel in der Rede von Rosa Luxemburg, Seite 68:
34 „Nur das ist Sozialismus, nur so kann Sozialismus gemacht werden."

Epipher

Wiederholung eines Wortes / einer Wortgruppe jeweils am Ende aufeinander folgender Sätze / Teilsätze; siehe das Beispiel in der Rede von Rosa Luxemburg, Seite 67:
25 „Das ist dann eine ökonomische Revolution und damit wird sie eine sozialistische Revolution."

Lexikalischer Chiasmus

Überkreuzstellung von Worten oder Wortverbindungen; siehe das Beispiel in der Rede von Gerhard Schröder, Seite 97:
74 „Die Zeiten sind erneut vorbei, in denen es so schien, als sei das Sozialdemokratische nicht machbar und das Machbare nicht sozialdemokratisch."

Symploke

Verbindung von Anapher und Epipher; siehe das Beispiel in der Rede von Gerhard Schröder, Seite 97:
73 „Das war bei Willy Brandt so, das war bei Helmut Schmidt so (...)."

Wiederholung ganzer Sätze

Siehe das Beispiel in der Rede von Walter Jens, Seite 82:
3 „(...) kein Wort mehr vom Sozialismus! **4** *Kein Wort mehr von Sozialismus*: (...)."

Wiederholung von Wörtern / Wortverbindungen

Siehe das Beispiel in der Rede von Rosa Luxemburg, Seite 67f.:
31 „Der Sozialismus wird nicht gemacht und kann nicht gemacht werden durch Dekrete, auch nicht von einer noch so ausgezeichneten sozialistischen Regierung. **32** Der Sozialismus muß durch die Massen, durch jeden Proletarier gemacht werden."

Wortdoppelung

Siehe das Beispiel in der Rede von Rosa Luxemburg, Seite 66f.:
18 „(...) Brust an Brust (...)."

Sonstige akustische Stilfiguren

Die akustischen Stilmittel, die sich nicht auf ganze Wörter (Alliteration) oder nur zum Teil auf ganze Wörter beziehen (Wortspiel), strukturieren ebenfalls eine Rede. Da das Wortspiel nicht nur auf einzelnen Lauten, sondern auf Lautfolgen basiert – und damit auch die semantische Ebene berührt –, ist seine Wirkung insgesamt stärker als die der Alliteration.

Alliteration

Wiederholung des gleichen Anlauts; siehe das Beispiel in der Rede von Walter Jens, Seite 84:
14 „(…) völkischen Fremden-Feinde (…).“

Ringkomposition

Wiederaufgreifen eines zu Beginn der Rede geäußerten Gedankens an ihrem Ende; siehe das Beispiel in der Rede von Lysias, Seite 13 und 17:
1 „(…) Dank (…). **73** (…) danken (…).“

Wortspiel

Wiederholung von Lautfolgen; siehe das Beispiel in der Rede von Lysias, Seite 13:
13 „(…) ich sei körperlich valid und gehörte nicht zu den Invaliden.“

Figuren der Wortstellung

Parallelismus

Gleiche Anordnung von Satzteilen in aufeinander folgenden Sätzen / Teilsätzen, z. B. Subjekt + Prädikat + Akkusativobjekt + Infinitiv; als Mittel der Textstrukturierung wirkt der Parallelismus nicht anders als die übrigen Strukturierungsmittel. Er sorgt für Eingängigkeit und Nachdrücklichkeit.
Siehe das Beispiel in der Rede von Gerhard Schröder, Seite 94:
8 „Wir Sozialdemokraten treten an, die Regierung des Stillstandes abzulösen. **9** Wir treten an, die notwendige Modernisierung menschlich zu gestalten."

Figuren des Wortersatzes

Abstraktum statt Konkretum	Die Verwendung eines abstrakten anstelle eines konkreten Begriffs erschwert das Verständnis; statt *Kampf zwischen den Revolutionären und den Konterrevolutionären* heißt es in der Rede von Rosa Luxemburg, Seite 66f.: **18** „(...) Kampf zwischen der Revolution und der Konterrevolution (...)."
Bild	Ein Bild (oft aus mehreren Wörtern bestehend) macht die Sprache anschaulicher und eingängiger; siehe das Beispiel in der Rede von Rosa Luxemburg, Seite 68: **33** „Dort, wo sie [= die Proletarier] an die Kette des Kapitals geschmiedet sind, dort muß die Kette zerbrochen werden."
Fremdsprachige Wörter	Wörter aus anderen Sprachen; siehe das Beispiel in der Rede von Walter Jens, Seite 82: **3** „(...) *littérature engagée* (...)."
Fremdwörter	Siehe das Beispiel in der Rede von Walter Jens, Seite 83: **10** „(...) jesuanische Prophetie (...)."

Durch die Verwendung von fremdsprachigen Wörtern und Fremdwörtern – ebenso durch Neologismen (siehe unten **Neologismus**) – wird die Rede für die breite Masse unverständlicher. Dennoch gewinnt sie an Autorität, da man einem Redner, der sich schwer verständlich ausdrückt, meist einen überlegenen Sachverstand zuschreibt. Den gebildeten Zuhörern bereitet der Redner ein intellektuelles Vergnügen.

Ironie	Ausdruck, der das Gegenteil dessen bedeutet, was eigentlich gemeint ist; siehe das Beispiel in der Rede von Lysias, Seite 15: **33** „(...) größte Beweis (...)." Siehe auch die Analyse im Aufsatzbeispiel zu dieser Rede, Seite 53f.

Metapher

Wort, das den in einem bestimmten Kontext üblichen Ausdruck durch einen Begriff aus einem anderen Sachbereich ersetzt.
Siehe das Beispiel in der Rede von Rosa Luxemburg, Seite 66, wo das Wort *geheilt* (aus dem Bereich der Medizin) das übliche Wort *befreit* ersetzt:
13 „(...) und wir haben erlebt, daß wir von dieser Selbsttäuschung geheilt wurden (...)."

Neologismus

Sprachliche Neubildung; die Wirkung von Neologismen ist in der Anmerkung nach dem Stichwort **Fremdwörter** weiter oben in diesem Abschnitt näher beschrieben.
Siehe das Beispiel in der Rede von Walter Jens, Seite 83:
12 „(...) teutonischkrausen (...)."

Pars pro toto

Ein Teil steht für das Ganze; dieser Trick macht eine Rede anschaulicher.
Siehe die Verwendung von *der Deutsche* statt *die Deutschen* in Satz 2 der Rede von Walter Jens, Seite 82.

Pejorativum

Abwertender Ausdruck; das Pejorativum ruft beim Zuhörer negative Emotionen hervor. Es dient der pauschalen Abwertung.
Siehe die Verwendung von *Lohnsklaven* statt *Arbeitnehmer* in Satz 50 der Rede von Rosa Luxemburg, Seite 69.

Personifikation

Eine Sache wird als handelnde Person dargestellt; siehe das Beispiel in der Rede von Rosa Luxemburg, Seite 69:
50 „(...) die Revolution versteht ihre Werke mit ungeheurer Geschwindigkeit zu vollziehen."

Pluralis Majestatis

Verwendung von *wir* statt *ich* zur Bezeichnung der 1. Person Singular; der Redner verleiht dadurch seinen Aussagen den Schein größerer Objektivität, da *ich* subjektiver und persönlicher klingt.
Siehe das Beispiel in der Rede von Walter Jens, Seite 82:
2 „ (...) fügen wir hinzu (...)."

Schlagwortartige Wendungen

Wortverbindungen vagen Inhalts; siehe das Beispiel in der Rede von Gerhard Schröder, Seite 94:
8 „(...) Regierung des Stillstandes (...)."

Schlüsselwörter

Wörter vagen Inhalts, die positiv oder negativ besetzt sein können. Schlüsselwörter ersetzen Argumente. Der Redner versucht seine Zuhörer über die emotionale Ebene zu gewinnen.
Siehe die Verwendung der Begriffe *deutsch* und *Volk* in der Rede von Adolf Hitler, Seite 57ff..

Umgangssprache

Durch Verwendung von Umgangssprache wird eine Rede verständlicher. Auch der weniger gebildete Zuhörer kann ihr folgen.
Siehe das Beispiel in der Rede von Walter Jens, Seite 82f:
6 „(...) taten's ohnehin (...)."

Vergleich

Vergleiche als Mittel der Konkretisierung machen den Inhalt einer Rede anschaulicher.
Siehe das Beispiel in der Rede von Rosa Luxemburg, Seite 67:
21 „Sie [= die Umwälzung] war unbefangen, bewußtlos wie ein Kind, das hinaustappt, ohne zu wissen wohin (...)."

Stilmittel beim Satzbau

Anrede

Siehe das Beispiel in der Rede von Lysias, Seite 13:
1 „(...) Hoher Rat (...)."

Aufforderungssatz

Siehe das Beispiel in der Rede von Lysias, Seite 14:
25 „(...) richtet mich nicht unter Missachtung des Rechts zu Grunde!"

Ausrufesatz

Siehe das Beispiel in der Rede von Lysias, Seite 16:
48 „(...) als ob das einem Behinderten gegenüber eine Heldentat wäre!"

Der Redner versucht durch Anreden, Aufforderungs- und Ausrufesätze – sowie durch **rhetorische Fragen** (siehe unten) – das Publikum aus seiner Zuhörerposition zu reißen und in eine Art direkten Dialog zu verwickeln.
Aufforderungssätze können im Dienst von commiserationes (siehe oben bei den *Überredungstechniken*, Seite 112) stehen. Die Anrede kann außerdem das Wir-Gefühl stärken.

Hypotaxe

Gegenteil von *Parataxe* (= einfacher Satzbau); Hypotaxen sind komplizierte Schachtelsatzgebilde, die durch häufige Verwendung von Nebensätzen entstehen. Die Verständlichkeit der Rede wird erschwert.
Siehe das Beispiel in der Rede von Walter Jens, Seite 82:
2 „Mit der Ratio, fügen wir hinzu, steht er auf Kriegsfuß, der Deutsche, wenn er dafür plädiert, daß wir endlich wieder eine „normale" Nation werden müßten, und dabei nicht bemerkt, wie er, die Ideen von 1914 gegen die Menschheitsträume von 1789 ausspielend, sich wiederum auf einen Sonderweg begibt, der ihn aus jenem *europäischen Verband* herauslöst, dem von Schiller, Kant und Novalis bis hin zu den Verschwörern des Kreisauer Kreises und der Weißen Rose die Hoffnungen der Intelligenz galten – der vorausblickenden und nicht der nur rückwärtsgewandten."

Nachklappender Nachsatz

Syntaktisch nicht notwendiger Teilsatz, der sich an den eigentlichen Satz anschließt. Die Verständlichkeit der Rede wird erschwert.
Siehe dazu das unter *Hypotaxe* zitierte Beispiel aus der Rede von Walter Jens.

Parenthese

Einschub; auf dem Satz in Parenthese liegt oft ein besonderer Nachdruck.
Siehe das Beispiel in der Rede von Rosa Luxemburg, Seite 67:
19 „(...) – wir müssen uns das mit vollem Bewußtsein klarmachen – (...)."

Rhetorische Frage

Eine vom Redner ans Publikum gestellte Frage, auf die er jedoch keine Antwort erwartet.
Siehe das Beispiel in der Rede von Lysias, Seite 13:
6 „Vor welcher Gemeinheit, glaubt Ihr, schreckt ein solcher Mensch zurück?"

Quellenangaben

Seite 13 – 17: Lysias, Rede eines invaliden Sozialhilfeempfängers, unter Verwendung von: ders., *Drei ausgewählte Reden*, Stuttgart (Reclam) 1995. Die in der Reclam-Ausgabe abgedruckte Übersetzung *Rede über die Verweigerung der Rente für einen Invaliden* von Georg Wöhrle hat der Autor dieses Buches an verschiedenen Stellen durch eigene Übersetzungen ersetzt.

Seite 57 – 59: Adolf Hitler, Rundfunkrede vom 21. Juli 1944, aus: Fridolin Haugg, *Deutsch Prüfungsaufgaben 11., 12. und 13. Jahrgangsstufe*. Landsberg am Lech (mvg Verlag), 2. Auflage 1988.

Seite 65 – 69: Rosa Luxemburg, Rede zum Programm der KPD, aus: dies., *Schriften zur Theorie der Spontaneität*, Reinbek (Rowohlt Verlag), 1970.

Seite 82 – 84: Walter Jens, Nachdenken über Deutschland, aus: ders., *Macht der Erinnerung. Betrachtungen eines deutschen Europäers*, Düsseldorf / Zürich (Artemis und Winkler), 1997.

Seite 94 – 97: Gerhard Schröder, *Parteitagsrede in Leipzig*. Tonbandabschrift, zur Verfügung gestellt von der Bundeswahlkampfzentrale der SPD, 53113 Bonn.